LE
Château d'Amboise
et ses environs.

ORLÉANS, TYP. COLAS-GARDIN

CHÂTEAU D'AMBOISE.

LE
CHATEAU D'AMBOISE
et ses environs,

Par L. BOILLEAU,

Membre de plusieurs Sociétés Archéologiques

TOURS.

GUILLAND-VERGER, LIBRAIRE-ÉDITEUR.

1860.

TOURS, LITH CH.GUILLAND, RUE S^T MARTIN, 7.

AVIS AU LECTEUR.

Ce petit opuscule sur le château d'Amboise et ses environs, n'a d'autre prétention que celle d'exposer le plus sommairement possible les phases historiques et les événements les plus curieux qui s'y sont passés depuis sa fondation jusqu'à nos jours. Son modique format doit assez le faire présumer au lecteur, qui ne doit s'en servir que pour connaître le précis des diverses scènes tragiques, siéges, batailles, exécutions sanglantes, fêtes, mariages, naissances, morts, etc., etc., qui y ont eu lieu pendant une période de dix-huit siècles. Il n'est toutefois que le résumé succint de documents nombreux, publiés à diverses époques, ainsi que nous croyons devoir l'indiquer, chaque fois que nous l'avons jugé nécessaire, ayant été forcé de supprimer des notes à l'appui qui nous auraient entraîné au-delà de nos limites.

Nous avons dû puiser aux meilleures sources, telles que dans l'histoire de Touraine, par Chalmel, publiée en 1828. Nous citerons également diverses notes prises dans E. Cartier, homme érudit dont la mort regrettable nous a privés d'une histoire d'Amboise sur laquelle il avait déjà publié deux notices très-appréciées dans le monde savant : 1° *Essais historiques sur la ville d'Amboise*, année 1842. 2° *Notice sur la mairie d'Amboise*, 1854. J. Vatout, premier bibliothécaire du roi Louis-Philippe, publia, en 1854, sous le titre de *Souvenirs historiques des résidences royales*, 1 vol. in-8° sur Amboise, ou sont résumés en grande partie ce que Chalmel et E. Cartier ont écrit sur ce sujet. Il y a joint une foule d'anectotes puisées dans les archives de France, et tel a été son zèle et l'activité de ses recherches que l'on peut considérer son ouvrage comme le plus complet sur cette matière.

Par suite d'un séjour prolongé à Amboise, que nous avons exploré avec soin, nous avons cru, inspiré par ses vieilles ruines, devoir y joindre diverses appréciations nouvelles, à notre point de vue. Le seul mérite de notre notice est de résumer ainsi que nous l'avons déjà dit, dans un format minime et dans un cadre très-restreint une infinité de faits qui, plus rapprochés les uns des autres, en faciliteront singulièrement les recherches au lecteur.

Nous aurions beaucoup désiré y joindre quelques notes historiques sur le château du Cloux, ou du Clos-Lucé, dont Léonard de Vinci fut propriétaire, et sur le Château-Gaillard son voisin, qui faisaient presque partie de la ville et du château d'Amboise à l'époque de la Renaissance; ce dernier surtout en a conservé tout le caractère, principalement dans sa façade du midi; mais sachant que cette lacune doit être comblée plus tard par un manuscrit laissé à son fils par feu E. Cartier, et qui doit paraître incessamment dans les *Mémoires de la Société archéologique de Touraine*, nous avons dû passer très-sommairement sur les événements qui ont eu rapport à ces deux châteaux. Nous avons suivi le même principe pour le château de la Bourdaisière sur lequel notre ancien collègue de la Société archéologique, M. le baron Angellier, a publié en 1850, un joli petit volume rempli d'esprit et de connaissances historiques; nous avons dû également, par la même raison, effleurer beaucoup de faits curieux et instructifs qui se sont passés au château de Chaumont, malgré leur affinité avec celui d'Amboise, M. le vicomte Walsh les ayant fait connaître dans une brillante notice, très-appréciée, publiée en 1852.

Comme nos prédécesseurs, qui ont écrit sur le même sujet, nous avons la ferme espérance que la ville d'Amboise mieux connue et plus appréciée, obtiendra tôt ou tard, par l'importance de son château, par le charme de sa position et par les grands souvenirs qui s'y rattachent, des marques de munificence et de haute protection d'un gouvernement qui, chaque jour, se montre si juste appréciateur des anciens monuments.

LE CHATEAU D'AMBOISE

ET SES ENVIRONS.

Presque tous les anciens historiens qui ont écrit sur Amboise font remonter son origine jusqu'à Jules César ; quelques-uns vont même jusqu'à lui donner une plus haute antiquité en la faisant remonter 300 ans avant Jésus-Christ.

Ce qui nous semble le plus présumable, c'est que lorsque les Romains vinrent pour soumettre le pays des Turons ou Turones, 54 ans avant l'ère vulgaire, ils durent préalablement, selon leur habitude bien connue, y établir des camps d'observation. Le plateau qui domine Amboise et ses environs à 6 lieues à la ronde, était une position trop favorable à leurs habitudes pour être négligée par César ou par ses lieutenants. Nous admettons donc en principe avec plusieurs archéologues érudits, que la fondation du château d'Amboise est due à un *castrum* romain. Chalmel, historien de Touraine, n'admet qu'avec une grande réserve tout ce que le moine Jean (dit l'anonyme de Marmoutier) a écrit sur cette époque : « Cet ouvrage, dit-il, rempli d'anachronismes et de fables ne peut mériter aucune confiance, les faits y sont presque toujours ou inventés par l'ignorance ou la crédulité, et ne sont d'ailleurs appuyés de l'autorité d'aucun autre écrivain; aucun auteur, avant Sulpice Sévère, n'ayant parlé d'Amboise. » Il est vrai que Chalmel lui-même est d'une sobriété extrême dans tout ce qui touche aux temps anciens; comme nous, il regrette que le conquérant de la Gaule ne nous ait transmis que peu de renseignements sur cette partie si intéressante de la Gaule que ses commentaires ne font qu'effleurer.

Amboise a pris son nom d'Ambacia, ou *Castrum-Ambaciacum*, de sa situation au confluent de la Loire et de l'Amasse (*Amatissa*), petite rivière qui prend sa source à l'est de cette ville à vingt-quatre kilomètres environ. Cette ville est incontestablement fort ancienne, et si l'on en croit les traditions du pays, César a été son fondateur. Ce général, dit-on, ayant formé le dessein de se rendre maître de la ville ou cité des Turones, fit bâtir dans cette vue un fort dans l'endroit ou l'Amasse se jette dans la Loire; et c'est de ce fort que, dans la suite, s'est formée la ville d'Amboise. Ce lieu était alors connu sous le nom de la Montagne-Ronde.

Sur le vaste plateau qui domine Amboise on retrouve en effet l'emplacement d'un ancien camp; il est terminé, du côté de la campagne, par un fossé dont parle la chronique, et dont les terres ont formé un retranchement encore fort visible aujourd'hui.

On attribue encore à César d'immenses caves creusées sous le camp et disposées pour servir de magasins à blé. Toutefois il faut remarquer ici que beaucoup d'auteurs du moyen-âge ne se sont pas assez souvenu que le nom de César fut porté par presque tous les empereurs romains. Cette observation peut servir à expliquer pourquoi une infinité de vieilles murailles, de camps, de retranchements et d'anciens chemins portent le nom de ce conquérant.

Le peu d'étendue de cette notice nous prescrit d'éviter tous les petits détails qui ne se rattachent pas esentiellement à Amboise ou à ses environs. Ce fut, dit-on, à Amboise que Vespasien convoqua les divers princes des Gaules, qui s'en étaient rapportés à sa justice pour terminer leurs différends.

Sous l'empereur Adrien, la Touraine paraît jouir d'une tranquillité due à son entière soumission ; pour l'en récompenser, ce souverain lui accorde le titre de ville libre. A cette époque, Amboise dut se ressentir de ses bienfaits, mais l'histoire n'en dit rien.

Sous le règne de Dioclétien, une vaste insurrection se manifesta dans diverses parties de la Gaule. Les Bagaudes, guidés par deux chefs gaulois expérimentés, Aelianus et Amandus, qu'ils avaient proclamés empereurs, envahirent la Touraine, assiégèrent la forteresse d'Amboise et la détruisirent de fond en comble à l'exception de l'idole du dieu Mars qui existait au milieu du camp depuis sa fondation, et qui, au rapport de Septime Sévère, fut détruite par saint Martin ainsi qu'un temple ombragé d'un pin, et consacré à Diane, qui se trouvait auprès du château d'Amboise.

376. — Vers l'année 376, Anicien, vaillant capitaine sous Gratien, fut envoyé par l'empereur en Touraine comme comte et investi du commandement de la forteresse d'Amboise; il conserva, dit-on, l'idole de Mars qu'on apercevait des environs, et qui fut renversée par saint Martin un peu plus tard, ainsi que nous l'avons dit plus haut.

504. — Les événements antérieurs à l'entrevue célèbre d'Alaric et de Clovis, vers 504, ne nous ont pas semblé dignes d'être rapportés ; nous devons pour celui-ci rassembler les détails adoptés généralement par l'histoire. Ce fut dans l'île Saint-Jean, sur la Loire, près d'Amboise, que Clovis eut sa célèbre entrevue avec Alaric II, roi des Wisigoths. Frappé des succès et de la puissance de Clovis, Alaric lui avait envoyé dire par ses députés : « Si mon frère y consentait, j'aurais, suivant mon désir et par la faveur de Dieu, une entrevue avec lui. » Les deux rois se réunirent, devisant, mangeant ensemble; et, après avoir traité d'une paix entre eux et s'être pro-

mis amitié, chacun revint en son royaume. Cette paix, comme on sait, ne fut pas de longue durée; les progrès des Ariens dans les Gaules ne tardèrent pas à la troubler; et Clovis, plus heureux que son rival, gagna la bataille de Vouglé, près Poitiers, où Alaric perdit la vie.

Les événements qui se passèrent à Amboise pendant une période de cinq cents ans, nous sont fort peu connus. Après la défaite d'Alaric, la Touraine qui, pendant vingt-six ans avait été sous la domination des Wisigoths, passa dès ce moment sous celle des Francs, dont elle ne cessa plus de faire partie. Alors elle goûta la tranquillité jusqu'à la fin de ce règne, et sans doute elle en eût joui plus longtemps, si ce monarque n'eût laissé qu'un seul héritier pour gouverner ses vastes États; mais, à cette époque demi-barbare, pour ne pas dire plus, l'état de la civilisation ne permettait pas encore d'apprécier les grands avantages qui de nos jours donnent l'unité de puissance. Les rois de cette première race ne furent par le fait que des chefs de Francs partageant, à leur mort, à leurs héritiers les dépouilles de ceux qu'ils avaient vaincus. De là, vinrent ces déchirements et ces guerres civiles qui ensanglantèrent si souvent notre malheureux pays, dont les peuples sont toujours les premières victimes; aussi ne doit-on pas s'étonner de les trouver, pendant cette longue période, pauvres, ignorants et malheureux. Bientôt on vit disparaître partout les germes de civilisation et d'instruction que les gaulois avaient acquis sous la domination romaine.

840. — Sous le règne de Charles II, le Chauve, les Normands, contenus jusque-là par la puissance de Charlemagne, profitèrent des divisions de ses successeurs et remontant la Loire sur leurs frêles esquifs, vinrent en grand nombre envahir la Touraine. Amboise et ses environs furent ravagés, son château renversé et ses églises pillées et incendiés. Un pont

qui, dit-on, existait vis-à-vis de cette ville, fut également détruit. Bléré, sur le Cher, à trois lieues de là, fut complètement incendié.

A cette époque, Ingelger, comte d'Anjou, qui avait puissamment contribué à l'expulsion des Normands, obtint de la reconnaissance de Louis II, le Bègue, la seigneurie d'Amboise. Il posséda seulement le château qu'il releva de ses ruines, tandis que Haimon, autre seigneur, avait déjà la possession du bourg et de ses dépendances qu'il tenait de la libéralité de Charles II. En sorte qu'il y eut à Amboise deux races seigneuriales : l'une, celle des comtes d'Anjou; l'autre, celle des seigneurs de Buzançais.

888. — Les successeurs d'Ingelger se montrèrent dignes de lui. Son fils, Foulques 1er, le Roux, vers 888, s'offre volontairement comme ôtage pour rendre la liberté au fils de Louis le Bègue. Charles le Simple, prisonnier des Normands, est oublié dans sa captivité. Foulques II, le Bon, vers 938, prince doux et lettré, donne au pays qu'il gouverne le repos et le bonheur. Ses qualités pacifiques ne lui avaient rien fait perdre de la valeur et de la fierté de sa race. Le roi ayant dit en se moquant de son assiduité aux offices divins et du rôle qu'il y jouait, « que le comte d'Anjou s'était fait chanoine et chantait comme un clerc, » il lui répondit avec une concision qui aurait pu être dangereuse, la lettre suivante : « Au roi des « Francs, le comte d'Anjou : Monseigneur, sachez qu'un roi « qui n'est lettré est un âne couronné. »

958. — Geoffroi 1er, dit Grisegonelle, ou Grise-Cotte, qui lui fut donné par suite d'un action d'éclat sous les murs de Paris, avait confié la garde du château à Landry le Dunois, déjà possesseur d'une maison forte, seigneurie particulière qui, sous le nom de la Maisonfort, passa aux seigneurs d'Amboise et fut conservée par la branche de Chaumont. Landry

voulut s'approprier le château et fit alliance avec le comte de Blois, ennemi de Geoffroi 1er.

986. — Foulques III, dit Nerra ou le Noir, pour punir Landri de sa félonie, assiégea et rasa sa Maisonfort et le chassa du château, où il mit Lisois, ou Lysoie, gentilhomme du Maine, l'un de ses capitaines les plus distingués; il bâtit le château de Montrichard en 1009 et reconstruisit l'église du château en 1030. A cette époque elle était sous l'invocation de la sainte Vierge, mais le corps de saint Florentin y ayant été transporté, elle lui fut également dédiée, et le chapitre en prit le nom. Amboise fut assiégé en 1029 par Henri, fils du roi Robert, qui ne put le prendre. Foulques Nerra mourut à Metz en revenant de son troisième voyage à la terre sainte.

1014. — Sulpice, trésorier de saint Martin, fit rebâtir en pierre la tour d'Amboise qui n'était qu'en bois. Cet édifice, placé à peu près vers la rue d'Orange, était très-fort et si élevé qu'on voyait de son sommet la ville de Tours. Sulpice fonda au château, de concert avec Foulques Nerra, un chapitre de chanoines, et lui donna la cure pour les nobles et les soldats, car la cure de tout le pays était à Saint-Denis et lui appartenait.

1040. — Geoffroi II, dit Martel, ainsi nommé à cause de sa force et de la vivacité avec laquelle il frappait ses ennemis, soutint avec éclat le titre de comte d'Anjou, vainqueur à Nouy, près Montlouis en 1044, du comte de Blois, Thibaut; il le fit prisonnier, et ne lui accorda sa liberté qu'en échange de la Touraine; pour récompenser Lisois, à qui il était redevable en grande partie de ses succès, il lui donna tout le carrefour d'Amboise jusqu'au moulin de l'Amasse. Il donna en même temps à Fulcoy de Tornay un fort situé à la Motte du camp de César.

1060. — Foulques IV, le Réchin, et Geoffroy le Barbu,

neveux et successeurs de Geoffroy Martel, furent toujours armés l'un contre l'autre. De leur côté Sulpice fils, de Lisois, Fulcoy de la Motte et Arnoul de Mehun, à qui la garde du château avait été confiée et qui était un éternel sujet de convoitise, se firent une guerre à outrance.

1069. — La ville d'Amboise proprement dite, c'est-à-dire la tour de pierre, premier patrimoine des fils de Lisois, défendue par un chevalier nommé Hébrard, fut assiégée pendant cinq semaines par Foulques Rechin, comte d'Anjou, à la tête de son armée. Voici la tradution de la chronique amboisienne qui relate ce fait : « Foulques ayant rassemblé son armée,
« vint assiéger la citadelle d'Amboise, *arcem*. Le comte entra
« dans la ville par son donjon, *domicilium*, d'où les balistiers
« et les archers dirigeaient leurs traits sur ceux de la tour,
« qui, de leur côté, leurs jetaient des javelots et autres pro-
« jectiles, ainsi que d'énormes pierres. Ceux du donjon mieux
« placés que ceux de la tour, leur nuisaient beaucoup, en
« faisant tomber des pierres avec leurs mangonnaux. La plus
« grande partie de l'armée angevine campée dans le marché,
« près de l'église Saint-Denis, envahissait le bourg avec im-
« pétuosité : ses phalanges armées assaillaient les murailles
« au son des clairons et des trompettes, et brûlaient tout, en
« jetant du feu avec abondance. Ceux de la tour les combat-
« taient également de toutes les manières, les frappant sur
« leurs boucliers et leurs casques, à la tête et partout. Ils ne
« cessaient de jeter du feu, tellement que la ville fut incendiée
« par les deux partis, et que même l'église de la sainte Vierge
« (au château) fût brûlée. Le comte attaqua encore la tour
« avec des béliers et autres machines de guerre; mais pen-
« dant cinq semaines il ne leur fit que peu de mal ; et voyant
« qu'il ne pouvait venir à bout de son entreprise, il congédia
« son armée, qui retourna en Anjou. »

Cette description vient à notre aide pour établir la position de cette grosse tour dont il ne reste aujourd'hui aucune trace; elle devait, selon divers archéologues qui ont fait de nombreuses recherches à ce sujet, se trouver entre les deux bras de l'Amasse, aujourd'hui rue des Marais, au sud-ouest du château, vers un endroit où se trouve encore une arcade qui communiquait des anciens murs avec ceux qui plus tard renfermèrent la ville jusqu'à la porte Saint-Denis. Cette tour était, dit-on, très-forte et très-élevée. L'époque où elle fut démolie est inconnue; mais il est vraisemblable que ce fut au commencement du XIIe siècle, lorsque les seigneurs d'Amboise eurent acquis la possession du château, où ils durent faire leur demeure habituelle. Foulques Rechin avait épousé en troisièmes noces la fameuse Bertrade de Montfort, qui causa tant de scandale en s'enfuyant avec le roi de France, Philippe Ier, sur qui cet adultère attira les foudres de Rome.

1107. — Le château d'Amboise et ses environs devinrent la propriété de Hugues Ier, fils de Sulpice Ier, seigneur de Buzançais. C'est seulement à cette époque qu'Amboise prit le titre de ville. Hugues fit rebâtir et fortifier le château, et abandonna complètement la grosse tour. Ce fut lui qui construisit, en 1115, les ponts en pierre qui auparavant n'étaient qu'en bois. Ce fut encore lui qui, dit-on, fit bâtir l'église actuelle de Saint-Denis, ou qui au moins la fit commencer : son style est en effet du XIIe siècle. Il établit la coutume de nourrir pendant tout le carême treize pauvres qui étaient habillés à neuf à la Saint-Jean. Il termina ses jours en terre sainte en 1228, et fut honorablement enseveli sur le mont des Oliviers, près Jérusalem.

1128. — Sulpice II succéda à son père, mais moins heureux que lui, après avoir vaincu et fait prisonnier, en 1132, Geoffroy, comte de Vendôme et Bouchard de Saint-Amand, qu'il tint en prison à Amboise, et plus tard, vers 1136, Jean Ier, comte de Vendôme, qu'il renferma à Chaumont-sur-Loire, ayant eu de graves démêlés avec Thibaut IV, comte de Blois, il fut lui-même fait prisonnier ainsi que son fils, et enfermé dans la tour de Châteaudun, où il mourut.

1153. — Hugues II ne fut délivré de la prison où mourut son père que par l'intervention de Henri II, duc de Normandie et comte d'Anjou, qui, plus tard, devint roi d'Angleterre. Il fallut consentir à la démolition du château de Chaumont; ce fut le farouche et vindicatif comte de Blois qui, en ayant obtenu la cession, y entra en maître et fit, dès le lendemain, commencer la démolition d'une partie de la forteresse, qu'il avait fait inutilement assiéger. Ce château fut rebâti par Thibaut V, comte de Blois en 1158, qui surprit, vers le même temps le château d'Amboise; mais Henri II le reprit, le fit fortifier et y laissa bonne garnison.

1180. — Hugues rétablit, en 1180, le monastère de Saint-Sauveur, très-anciennement construit au bord de la Loire, vis-à-vis le mail d'Amboise, et qui avait été ruiné par les Normands. Ce monastère, dont Sulpice III fit plus tard un prieuré, qu'il donna en 1203 aux moines de Villeloin, a été emporté par les grandes eaux et entièrement détruit de 1710 à 1755.

Les faits qui se sont passés à Amboise pendant la sommation de Sulpice III, Mathilde ou Mahaut, sa mère, qui conserva le titre de dame d'Amboise jusqu'en 1244, ne contiennent que la relation de donations, de fondations pieuses et de filiations de famille. Sulpice III avait d'abord pris parti pour Philippe-Auguste contre Jean sans Terre, avant la confiscation des provinces anglo-françaises. Ce fut lui qui, en 1203, s'empara de Châteauneuf, ou de la ville de Saint-Martin à Tours.

1256. — Jean Ier, cousin de Mathilde, hérita de ses

biens paternels comme neveu de Sulpice III. Vers l'an 1259, Thomas Becket, archevêque de Cantorbéry, s'était retiré en France à l'abbaye de Sainte-Colombe près Sens, pour fuir les perséutions du roi d'Angleterre Henri II. Le roi de France, Louis VII, entreprit de les réconcilier. Les deux monarques se réunirent au château d'Amboise, où Henri II promit de rendre à l'archevêque tous ses honneurs et dignités : l'assassinat de Thomas Becket ne tarda pas à prouver quelle foi méritait ce serment royal.

1274. — Jean II quitta le nom de Berrie qu'il portait auparavant, et mourut en 1083. Son second fils Hugues hérita de la seigneurie de Chaumont; ce fut lui qui commença la branche cadette de la maison d'Amboise, qui jeta un si grand éclat sous le règne de Louis XII.

1303. — Pierre Ier accompagna Philippe le Bel dans ses guerres, en qualité de porte-bannière ; il y était accompagné de trois chevaliers et de onze écuyers. Ce seigneur et Jeanne de Chevreuse, sa femme, fondèrent, dans l'église du château, une confrérie de Saint-Nicolas, qui devint très-florissante à Amboise.

On trouve, dans les *Essais historiques sur la ville d'Amboise*, des détails extrêmement intéressants sur l'organisation de cette confrérie, sur ses usages, sur les dons qu'ils faisaient au roi d'un chapeau de fleurs et de deux bouquets, etc., etc.

1322. — Ingelger, surnommé le Grand, fut fait prisonnier à la bataille de Poitiers en 1356 ; il fut obligé de vendre sa terre de Chevreuse pour payer sa rançon.

1373. — Pierre II, fils d'Ingelger et d'Isabeau de Thouars, hérita de la vicomté de Thouars en 1397. Il fonda les cordeliers d'Amboise en 1412 et y fut enterré en 1422. N'ayant laissé aucune postérité, ses biens passèrent à Louis d'Amboise son neveu.

1422. — Louis, vicomte de Thouars, prit part au complot formé contre La Trémouille, favori de Charles VII. Il fut condamné à mort en 1431 par le parlement de Poitiers. Le roi lui fit grâce, et, en 1434, il lui rendit ses biens qui avaient été confisqués : on en excepta Amboise, qui demeura réuni à la couronne.

Louis avait, contre le gré du roi, qui en fut irrité, marié au duc de Bretagne Pierrre II, sa fille, Françoise d'Amboise, morte saintement en 1485 ; il mourut en 1469 sans laisser d'enfants mâles. En lui finit la branche aînée de la maison d'Amboise. La branche cadette fut celle de Chaumont, sortie du fils de Jean Ier, et devient étrangère à notre sujet.

1446. — Depuis le commencement du xve siècle, l'histoire d'Amboise se lie à celle de nos rois. Charles VII, encore dauphin, avait, dès 1421, pris des mesures pour s'assurer de ce poste important, et, lorsqu'il l'eût entièrement acquis, il fit réparer et fortifier le château. En 1446, il fit bâtir une chapelle de Saint-Michel, dans l'église du château, où fut institué, en 1479, l'ordre de Saint-Michel. Louis XI y fit également construire une chapelle à saint Blaise lorsqu'il devint roi de France.

1434. — Par suite de la réunion de la seigneurie d'Amboise à la couronne, qui eut lieu par arrêt du parlement de Poitiers en 1434, Amboise devint une résidence royale. Ne voulant nous occuper ici que des événements qui ont quelque rapport à cette ville, nous devons passer sous silence une foule d'incidents qui ne se rattachent en rien à notre sujet, les uns étant empreints d'exagérations merveilleuses, et d'autres n'ayant aucun degré d'authenticité.

1440. — Chacun connaît les menées de révolte du dauphin Louis contre son père Charles VII. Soulevés par ce fils ingrat, les mécontents publièrent, vers 1440, un manifeste qui invitait tous les français à prendre parti pour l'héritier présomptif de la couronne, et ils furent en grand nombre rejoindre ce prince, qui s'était rendu à Niort. Le roi, profondément affligé de cette levée de boucliers, se porta à Amboise, et là, sentant le besoin de faire un exemple, il ordonna de dresser un échafaud dans la cour du château : Blanchefort est désigné pour la première victime ; mais cette goutte de sang suffira-t-elle pour intimider les révoltés et pour rendre au roi la sécurité que lui avait ravie la défection de ses plus fidèles compagnons d'armes ? Non ; il lui faut, avant tout, un appui pour conjurer l'orage, et il choisit celui-là même contre lequel l'orage s'est soulevé. Le connétable de Richemont était à Beaugency ; le roi envoya vers lui Gaucourt et Xaintrailles, pour l'engager à venir le joindre sans le moindre délai. Il ne se fit pas attendre, et son arrivée suffit pour rassurer le roi, qui ne savait trop quel parti prendre dans une affaire de cette nature.

1440. — Le connétable demanda et obtint d'abord la grâce de Blanchefort, dont la mort eût été inutile, tandis que son épée se montra vaillamment au côté de Richemont contre les révoltés.

Richemont dit à Charles VII : « Sire, marchez et souvenez-« vous de Richard II ; souvenez-vous que dans une circons-« tance semblable, ce monarque s'étant enfermé dans une « forteresse, il perdit la couronne et la vie. »

Charles VII marcha sur Niort, et sa présence mit en fuite la petite cour du Dauphin. Ce jeune prince, informé de la marche du roi son père, ne jugea pas à propos de l'attendre. Il quitta cette province pour se rendre dans le Bourbonnais, où on ne tarda pas à le suivre.

Tandis que le roi était occupé de ce côté, la faction faisait mouvoir d'autres ressorts. Hugues d'Amboise, seigneur de Chaumont, avait livré au duc de Bourbon le château de

Loches dont il était gouverneur. Le duc en confia le commandement à Antoine Grimaut et à Archambaud de la Roque avec une forte garnison. Mais bientôt, ayant fait le premier sa soumission, les autres chefs furent forcés de venir à merci. Telle fut, au bout de six mois, l'issue de cette guerre ou plutôt de cette sédition, que le peuple avait surnommée la *Praguerie*.

1461 — Les intrigues et les menaces de l'infâme Louis contre le roi son père, ne cessèrent qu'avec la vie de l'infortuné Charles VII dont elles avaient empoisonné les derniers instants. A la mort de ce monarque, sa veuve, Marie d'Anjou, s'était retiré au château d'Amboise.

Cette princesse, femme de mérite, modèle des épouses et des mères, aussi indulgente pour les faiblesses de son mari qu'ingénieuse à pallier les torts de son fils, avait su se concilier la double affection du roi et du dauphin.

Aussi Louis XI, après avoir été sacré à Reims et avoir fait les honneurs de Paris à Philippe le Bon, duc de Bourgogne, se rendit à Amboise auprès de sa mère; c'est là qu'il fixa le douaire de cette princesse à 50,000 livres de revenu; c'est là également qu'il donna le duché de Berri en apanage à son frère Charles avec 12,000 livres de pension.

1461. — La ville d'Amboise voulant recevoir avec solennité le nouveau roi et Charlotte de Savoie, sa femme, décida que pour le jour de leur entrée, « la ville fût tendue depuis le
« pont jusques au carroir, et du carroir jusqu'à la porte du
« chasteau, et que joyeux esbatements se fissent, comme
« anges volants et autres belles chôses, pour ladite venue;
« que la moralité que maistre Estienne avait faite pour jouer
« ladite joyeuse venue, serait payée au dépens d'icelle ville
« et qu'elle serait jouée par des personnaiges, et que la ville
« fourniroit les bougrans pour faire les abris aux joueux

« d'icelle ; qu'on lui donnast deux pipes de vin et vingt septiers
« d'avoine ; en outre, que on achapstat ung poisle de beau
« drap de soie, tel qu'il serait advisé par les esleus, qui
« serait porté sur le roi, et que vin fût donné à boire à tous
« venans au dépens de la ville. »

A ces fêtes qui eurent lieu au mois de septembre 1461, succéda la brillante réception du comte de Charolais, fils de Philippe le Bon duc de Bourgogne.

A peine arrivé à Amboise, Louis XI invita la reine d'Angleterre à venir loger dans son château où il l'accueillit avec les plus grands honneurs. Il voulut même tenir avec elle sur les fonts de baptême le fils de la duchesse d'Orléans, depuis le roi Louis XII.

1465. — Louis XI vint souvent à Amboise ; en 1465, pendant la guerre dite du bien public, il confia aux habitants la garde de la ville et du château.

Pendant que Louis XI était en pèlerinage à Notre-Dame-du-Pont en Limousin, le duc de Bourgogne fit enlever par ses ambassadeurs Charles de France, duc de Berri, frère du roi, et publia sous le nom de ce jeune prince un manifeste par lequel « il invite la noblesse de France à prendre les armes
« et à se joindre à lui, dans le dessein de chasser d'auprès
« du roi ses mauvais conseillers, pour parvenir au soulage-
« ment du *pauvre peuple*. » De là le nom de guerre du bien public donné à ce soulèvement que Louis XI sut conjurer en revenant rapidement à Amboise le 24 avril 1465 et en marchant sans hésiter sur le Bourbonnais.

Avant son départ Louis XI fit organiser les habitants d'Amboise en garde civique, leur remit le château confié d'abord à Jehan de Bar, ajoutant « qu'ils apportassent leurs pots et cuil-
« lers audit chastel, qu'ils beussent de ses vins et qu'ils ne
« rendissent ladite place sinon à luy. Il donnait vingt brigan-

« dines pour la garde de ladite ville et de la reine, qu'il allait
« faire venir de Tours. »

1467. — Avant de terminer les fragments historiques qui se rattachent à Amboise et à Louis XI, nous croyons intéresser nos lecteurs en citant quelques faits qui suivirent la mort de Philippe le Bon, duc de Bourgogne. Louis, toujours habile à profiter des occasions que la fortune présentait à sa politique, et toujours empressé de détruire le lendemain les traités qu'il avait conclus la veille, fit assembler les États du royaume à Tours et casser l'article du traité de Conflans qui cédait la Normandie à son frère. Charles le Téméraire, qui avait succédé à son père, ne put voir sans émotion cette première infraction au traité qu'il venait de signer; il entra immédiatement en négociations avec le duc de Bretagne pour cimenter une nouvelle alliance contre le roi de France.

Louis qui redoutait cette union, voulut à tout prix la prévenir; et telle était à cet égard la vivacité de son désir qu'il oublia sa prudence ordinaire. En demandant lui-même à Charles le Téméraire une entrevue à Péronne, c'était se fourrer lui-même dans un piége d'où il eut toutes les peines du monde à se tirer. On conçoit qu'après cette malencontreuse aventure et cette triste comédie, Louis XI eût hâte de quitter le duc; il prit, avec joie, congé de ce *petit murmurant* et revint à Amboise, où il manda le parlement et les autres cours du royaume. Sûr de leur obéissance, il leur commanda d'enregistrer, *sans remontrances,* le nouveau traité de Péronne. Les parlements avaient gardé un obséquieux silence, mais les habitants de Paris, toujours prêts à mêler une plaisanterie aux événements les plus sérieux, s'étaient montrés moins indulgents. Ils apprirent à divers oiseaux parleurs et siffleurs à répéter irrespectueusement le mot *Péronne* (1). Les courtisans mirent cette plaisanterie au rang des crimes de lèse-majesté.

Nous ne pouvons passer sous silence un fait fort grave, qui se passa l'an 1468 à Amboise : nous en trouvons la relation dans un ouvrage qui a été composé sur des documents de toute authenticité.

Une correspondance du cardinal de La Balue, évêque d'Angers, saisie par deux gendarmes, entre les mains de Simon Bélée, apprit au roi que ce prélat ainsi que l'évêque de Verdun conspiraient contre son autorité. Simon Bélée fut conduit devant Louis, qui, après l'avoir interrogé, ordonna immédiatement l'arrestation des deux prélats. Tous deux furent amenés au château d'Amboise.

Le cardinal fut mis dans une chambre au-dessus du portail du château ; l'évêque dans la chambre de Tannéguy du Châtel, gouverneur du Roussillon. Le cardinal demanda à parler au roi, pour lui faire l'aveu de sa faute. Cet entretien qui dura deux heures, et l'arrestation d'un second émissaire, Guillaume l'Auvergnac, qu'il avait envoyé auprès du duc de Bretagne, ne laissèrent aucun doute sur sa trahison.

La Balue fut enfermé dans une cage de fer où il expia pendant onze ans ses menées criminelles. On ne parle nullement de la punition qui dut être infligée à Monseigneur l'évêque de Verdun. La chute du cardinal de La Balue et de l'évêque de Verdun fut saluée à Paris, où tout finit par des chansons, par ce couplet :

« Maître Jean Balue
A perdu la vue
De ses évêchés :
Monsieur de Verdun
N'en a plus pas un ;
Tous sont dépeschés. »

(1) Le 9 novembre 1468, on publia à son de trompe, dans tous les

Ce fut à cet époque que Louis XI, frappé du discrédit où était tombé l'ordre de l'étoile, créé par le roi Jean, institua à Amboise l'ordre de Saint-Michel. Cet ordre fut primitivement composé de trente-six chevaliers.

1769. — C'est ici que se place la fondation de l'église de Saint-Florentin. Louis XI désirant affranchir le château d'Amboise de servitude religieuse qui appelait dans sa chapelle les habitants pour le service divin, demanda aux notables un terrain pour y construire une église. Ils indiquèrent la *nonnerie*, vieux bâtiment où se tenaient quelquefois leurs assemblées. C'est sur ce terrain que le roi fit commencer l'église de Saint-Florentin, achevée sous Charles VIII, et qui subsiste encore aujourd'hui.

Cette église n'offre rien de bien curieux à voir, si ce n'est un monument assez bizarre par l'intention et par la forme. Placé d'abord dans l'église du prieuré de Bondésir près le château de la Bourdaisière, construit par François Ier, pour la famille Babou, il en fut retiré lors de la suppression de ce prieuré et transféré dans la collégiale du château d'Amboise, d'où il est passé, en 1802, dans l'église paroissiale de Saint-Florentin, où on le voit encore aujourd'hui. C'est un sarcophage ouvert par le devant, laissant voir le Christ étendu mort. Sur le derrière sont sept figures debout, en costume oriental, au nombre desquelles sont quatre femmes : elles représentent, dit-on, Nicodème à la tête du tombeau, au pied Joseph d'Arimathie, à gauche on remarque la Vierge, saint Jean-Baptiste et une des saintes femmes. A la gauche de saint Jean sont les autres saintes femmes. Les quatre figures de femme seraient les portraits fort ressemblants de Marie

carrefours de Paris, l'ordre de saisir et de transporter à Amboise les pies, les geais, les chouettes, les merles, tous les oiseaux en cage atteints et convaincus d'offense envers la personne du roi.

Gaudin, épouse de Philibert Babou sieur de la Bourdaisière, et de ses trois filles, qui furent successivement maîtresses de François Ier. Celui-ci, à sa haute stature, est parfaitement reconnaissable dans Joseph d'Arimathie, et le Christ est le portrait non moins ressemblant de Philibert Babou, pour lequel ce tombeau fut exécuté.

1470. — Au mois de mai de cette année, la reine Marguerite d'Angleterre vint avec son fils, le prince de Galles, pour la seconde fois au château d'Amboise, fuyant la persécution d'Edouard VII, victorieux.

Le 30 juin suivant, la reine de France accoucha dans cette résidence royale, d'un fils, qui fut depuis Charles VIII. Il fut tenu sur les fonts de baptême par le prince de Galles et par Madame Jeanne de France, duchesse de Bourbon, et ondoyé par l'archevêque de Lyon. Sa naissance fut pour la cour et pour le royaume le signal des fêtes et des réjouissances. L'allégresse se manifesta dans les églises par des *Te Deum*, sur les places publiques par des mystères et des feux d'artifice. Dès le règne de Louis XI on aperçoit déjà le goût des Amboisiens pour les représentations dramatiques qui plus tard y firent fureur.

1472. — Le 3 septembre la reine accoucha d'un second fils que l'on nomma François, duc de Berri ; mais ce jeune prince mourut l'année suivante, et fut enterré à Amboise dans l'église des Cordeliers.

La guerre de Louis XI contre une nouvelle ligue, qui s'était formée contre lui, entre le duc de Bourgogne, le duc de Bretagne, Edouard, roi d'Angleterre et le roi d'Aragon, ne nous fournit aucuns documents qui se rattachent à Amboise, si ce n'est une lettre que le roi écrivit à ce sujet au comte de Dammartin.

Nous le voyons revenir victorieux à Amboise, mêlant à son

voyage des distractions très-profanes à ses pratiques de dévotion. Il était à cette époque, à l'apogée de sa puissance, lorsque le ciel lui donna le premier avertissement de sa fin prochaine. Pendant qu'il était à table avec quelques-uns de ses favoris, il fut soudain frappé d'apoplexie.

Superstitieux comme la peur, il pensa que Monseigneur saint Claude le guérirait, par reconnaissance des offrandes qu'il lui porterait. Avant d'entreprendre ce pèlerinage, il songea à faire une visite à son fils Charles, qu'il n'avait encore vu qu'une ou deux fois, tant l'appréhension de son successeur l'effrayait. Il se rendit à Amboise, où ce jeune prince était élevé en secret par les soins de sa mère. Là, après lui avoir donné sa bénédiction, il partit pour son pèlerinage de saint Claude, en Bourgogne; n'ayant pu trouver auprès de ce saint le secours qu'il en sollicitait, il revint triste et mourant au château du Plessis-lez-Tours, dont il fit une forteresse gardée par des bourreaux. Se préoccupant de ce que l'avenir dirait de sa vie et de ses œuvres et surtout de l'abandon et de l'ignorance dans lesquels il avait laissé grandir le Dauphin, il vint pour la dernière fois à Amboise au mois de septembre 1482, avec une cour nombreuse.

1482. — Il embrassa son fils et lui adressa ses derniers conseils en l'exhortant à prendre pour modèle de sa conduite la valeur de ses ancêtres et leur amour pour le peuple et pour la religion, en y joignant de longues instructions.

1483. — Depuis ce moment Louis ne fit plus que languir péniblement jusqu'au samedi 30 août 1483. Il expira vers les huit heures du soir, au château de Plessis-lez-Tours, âgé de soixante ans et deux mois, après vingt-deux ans et un mois d'un règne très-agité.

Louis, certainement, ne fut pas un bon roi, dans toute l'acception de ce mot; mis il fut l'un des plus habiles entre ceux qui avaient porté la couronne de France qui lui doit l'extension de ses frontières; ce fut à lui qu'elle dut l'établissement des postes. Il protégea l'imprimerie, que le premier il avait eu le dessein d'introduire en France.

Tyran à l'égard des grands, il ne permit presque jamais qu'on s'écartât de la justice envers le peuple. Aussi les troubles incessants qui éclatèrent sous son règne, ne prirent-ils leur source que dans les mécontentements des princes et de la noblesse, malgré le poids des impôts dont le peuple fut surchargé.

Ne pouvant se faire aimer, il voulut se faire craindre, et il n'y réussit que trop. Au reste, dit Chalmel, les reproches que l'on est en droit de faire à sa mémoire ne peuvent faire oublier les obligations que lui dut la Touraine, ni que ce fut lui qui posa les premiers fondements de la prospérité dont elle a joui longtemps après lui.

A peine Louis XI avait-il fermé les yeux, que la route de Tours à Amboise fut couverte de seigneurs de sa cour, qui se rendaient en toute hâte auprès du nouveau roi. Madame de Beaujeu s'était emparée déjà de la tutelle du jeune monarque; et le duc d'Orléans, alors âgé de vingt-trois ans, blessé de voir l'administration du royaume passer aux mains d'une femme, et peu soucieux du serment qu'il avait fait à Amboise devant Louis XI, faisait déjà connaître tout haut ses prétentions pour lui et ses amis.

En 1484, les États-Généraux se réunirent à Tours. Cette mémorable assemblée eut lieu le 15 janvier dans la grande salle de l'archevêché. Le but de cette convocation était d'abord de pourvoir au gouvernement de l'État, en second lieu de réformer les abus qui s'y étaient introduits sous le règne précédent.

Sans vouloir entrer dans de plus grands détails, qui nous

écarteraient trop de notre sujet, qui se rattache uniqument à la cité d'Amboise, nous dirons seulement que cette célèbre assemblée, composée d'éléments hétérogènes, se termina le 7 mars; que la cour, d'abord épouvantée de la fermeté que les députés des différents ordres avaient montrée, sut, à force de caresses, les ramener à des conditions moins dures pour elle; qu'elle fit beaucoup de promesses dont ensuite, selon son usage, elle ne tint aucun compte. La dame de Beaujeu, régente, sut se conduire avec tant d'adresse et de prudence que les États confirmèrent en sa faveur les dernières volontés de Louis XI.

1487. — Charles VIII prit pour résidence habituelle le château d'Amboise, lieu de sa naissance, pour lequel il avait une prédilection particulière. Sa sœur, Anne de Beaujeu, le tenait toujours dans une espèce de tutelle, quoiqu'il fût alors âgé de dix-sept ans, et le jeune monarque commençait à supporter impatiemment le joug, qu'elle ne s'attachait pas d'ailleurs à lui rendre agréable. Plusieurs seigneurs mécontents, à la tête desquels était le duc d'Orléans, formèrent, en 1487, le complot de soustraire le roi au gouvernement impérieux de sa régente, et de l'enlever d'Amboise pour le conduire dans une autre résidence. Il paraît assez certain que le jeune monarque n'ignorait pas ce projet, et qu'il s'y serait prêté volontiers; mais le complot fut découvert et aussitôt déjoué par l'arrestation de Georges d'Amboise, alors évêque de Montauban, de Jeoffroy de Pompadour, évêque de Périgueux, de Philippe de Commines et de plusieurs autres qui en étaient les agents principaux. Philippe de Commines fut enfermé au château de Loches, où il passa huit mois dans la fameuse cage de fer, qui déjà avait été habitée par le cardinal de La Balue. Sa détention, tant à Loches qu'à Paris, dura près de trois ans, qu'il consacra, dit-on, à la rédaction d'une partie de ses mémoires. Quant aux évêques, le légat, au bout de deux ans de sollicitations, obtint enfin qu'ils fussent mis en liberté.

La vengeance d'Anne de Beaujeu ne fut qu'en partie satisfaite par ces arrestations et la peine qu'elle fit subir aux coupables. Fille de Louis XI, elle en avait le caractère et toute l'énergie, et, de plus elle y joignait la vengeance d'une femme dédaignée. Elle apprit que le duc d'Orléans était en Bretagne, qui, par sa présence, était devenue un foyer d'intrigue et de sédition. Elle chargea La Trémouille d'y mettre bon ordre, et le vaillant capitaine gagna la bataille de Saint-Aubin, où le duc d'Orléans et le prince d'Orange furent faits prisonniers.

1491. — Dès que le duc d'Orléans fut en sa puissance, Madame de Beaujeu, fidèle aux traditions paternelles, lui fit expier bien cruellement et ses dédains et la légèreté de ses propos. Après l'avoir traîné de prison en prison, elle le fit enfermer dans la tour de Bourges, où, pendant la nuit, il était resserré, comme un vil criminel dans une cage de fer, où il resta jusqu'au mariage de Charles VIII avec Anne de Bretagne, qui eut lieu à Langeais le 16 décembre 1491.

C'est à cette époque que l'on fait remonter la fondation du monastère d'Amboise pour les compagnons de saint François de Paule. Déjà, quelques années avant, Charles VIII leur avait fait construire, au bout du parc d'Amboise, un monastère qui reçut d'abord le nom de Jésus-Maria, mais qui prit ensuite le nom de Saint-François. Le roi ne se borna pas à cette libéralité envers ce religieux, qu'on avait surnommé *le bon homme;* il lui accorda la faculté de bâtir un second monastère dans la ville d'Amboise, sur le lieu même où Charles VIII, alors dauphin, envoyé par son père au devant François de Paule, l'avait rencontré.

1492. — Charles VIII avait la plus grande confiance dans la sagesse de François de Paule, qu'il appelait son père spirituel, et la plus haute estime pour son caractère. Il l'admettait non-seulement aux secrets de sa conscience, mais même dans les conseils de l'État. Il poussa la faveur jusqu'à lui faire tenir sur les fonts de baptême le dauphin, né à Amboise et baptisé au Plessis sous le nom de Charles-Orland le 13 octobre 1492. Le poète Colletet a rendu cet hommage aux vertus du saint homme :

> Il fut simple, pauvre, abstinent, charitable,
> Fidèle, juste, saint, chaste et dévotieux ;
> Et de tant de vertus le concert admirable
> Le fait vivre sur terre et triompher aux cieux.

1494. — Bientôt ce roi, qui savait à peine lire et écrire en montant sur le trone, se livra avec passion à l'étude de l'histoire ; les hauts faits des héros qui s'étaient illustrés dans la guerre frappèrent surtout vivement son imagination ; il ne rêva plus que conquêtes, et, sous le prétexte de revendiquer ses droits à l'héritage du roi René, renversé du trône de Naples par le roi d'Aragon, il résolut de passer les Alpes. Il se mit en marche en 1494, s'arrêta à Lyon, où il donna un grand tournoi, puis à Grenoble, et là dans sa sollicitude pour son fils qu'il avait laissé à Amboise, il traça des instructions pour la garde et la sûreté du dauphin.

Il passe les Alpes, s'arrête à Milan, entre dans Rome avec la plus grande pompe, malgré les anathèmes d'Alexandre Borgia, et, vainqueur de tous les obstacles, il arrive à Naples ; partout il est reçu avec d'éclatants témoignages d'allégresse. Il s'y fait couronner dans les habits les plus magnifiques, etc., etc.

Mais la légèreté française ne tarda pas à porter ses fruits : l'amour-propre des Napolitains, trop peu ménagés dans leur bonheur domestique, se changea en fureur et en cris de vengeance.

Charles VII, obligé de quitter Naples précipitamment, retraversa en fugitif cette Italie qu'il avait parcourue en vainqueur, ne ramenant en France que les débris d'une armée décimée et malade.

1495. — Revenu à Turin, le roi ayant appris qu'une maladie contagieuse, la petite vérole, régnait à Amboise, écrivit aux chambellans du dauphin, qui se trouvaient en cette ville, pour leur recommander de bien veiller que son fils ne sortît pas du château, que ceux qui étaient autour de sa personne n'eussent aucuns rapports avec les habitants de ladite ville, surtout avec les petits enfants.

Les inquiétudes du roi et de la reine sur la santé de leur fils ressemblaient à des pressentiments : « Ce jeune prince, âgé « de trois ans, bel enfant, dit Commines, et audacieux en « paroles et ne craignant aucunes choses, » mourut le 16 décembre 1495.

1496. — Le roi apprit cette mort à Lyon où la reine était allée le rejoindre; cette princesse se livra à un violent désespoir que le roi tâcha de conjurer par des fêtes magnifiques. Mais bientôt cette perte fut réparée par la naissance d'un autre fils qui naquit également au Plessis-les-Tours le 8 septembre 1496; la joie que causa sa naissance ne fut pas de longue durée, car il ne vécut que vingt-cinq jours. Tous les deux eurent leur sépulture dans le chœur de Saint-Martin, où la reine leur mère leur érigea un tombeau en marbre blanc dont l'exécution fut confiée au ciseau des deux frères Lejuste, tous les deux nés à Tours.

Depuis la destruction de l'église Saint-Martin, ce tombeau a été recueilli et conservé avec soin, et placé dans une des chapelles de la cathédrale. Il devient un monument précieux pour la Touraine, non-seulement par les souvenirs historiques qu'il rappelle, mais encore parce qu'il est l'ouvrage de deux artistes qui ont pris naissance dans son sein.

Charles VIII, affligé de tant de pertes, chercha à s'en distraire par les travaux qu'il fit exécuter au château d'Amboise. Son désir était de rendre ce château, si avantageusement situé, l'un des plus beaux du royaume, et il y serait sans doute parvenu si sa vie eût été de plus longue durée. Les dessins en avaient été confiés aux meilleurs artistes d'Italie qu'il avait ramenés avec lui à l'époque de la brillante et courte conquête du royaume de Naples. Il avait donné ordre de lui envoyer tout ce que la France, la Flandre, et surtout l'Italie, produisaient de plus précieux en marbres et en pierres pour l'embellissement d'un lieu où il était né et où il avait passé toute sa jeunesse : mais la mort qui le surprit dans ce lieu même vint s'opposer à l'exécution de ses projets.

On peut se former une idée du plan par la chapelle et principalement par les deux grosses tours, au milieu desquelles on peut facilement monter en voiture jusqu'à la grande cour du château.

1498. — Le 7 avril 1496, Charles était venu à Amboise avec la cour pour animer ces travaux par sa présence. Du haut d'une galerie, il regardait jouer à la longue paume dans les fossés du château lorsqu'il mourut subitement (selon la version la plus certaine) des suites d'un coup qu'il s'était donné à la tête, en passant sous la porte de cette même galerie qui était fort basse.

Il était environ deux heures de l'après-midi. L'étonnement des uns, la douleur des autres, troublèrent tellement les esprits, qu'on ne songea même point à transporter le roi dans son appartement. On fit apporter sur le lieu même une paillasse sur laquelle on l'étendit, et où il expira vers les onze heures du soir.

1498. — Le duc d'Orléans était au château de Blois lorsque M. Dubouchage vint lui apporter la nouvelle qui le faisait roi : il ne put retenir ses larmes car il aimait sincèrement

Charles VIII depuis son enfance. Il partit immédiatement pour Amboise. A son arrivée il se rendit à la chambre où reposaient les restes du feu roi, se mit à genoux, jeta de l'eau bénite sur le corps, et passa chez la reine qu'il trouva plongée dans le deuil et la douleur; car l'amour de ses devoirs avait fini chez Anne de Bretagne par se changer en tendresse pour son époux. Le nouveau roi, après avoir consolé la veuve avec toute la délicatesse de son esprit et de son cœur, et réglé les obsèques de Charles VIII avec une magnificence d'autant plus honorable, qu'attendu la pénurie du trésor royal, il devait en supporter lui-même tous les frais, repartit pour Bois d'où il convoqua les divers corps de l'État aux royales funérailles.

Le corps fut porté en grande pompe d'Amboise dans les caveaux de Saint-Denis. Le 27 mai suivant, le roi se fit sacrer et couronner à Reims sous le nom de Louis XII. Ce fut dans cette cérémonie qu'il prononça ces paroles mémorables : « Le roi de France ne venge point les querelles du duc d'Orléans. » Louis XII, surnommé le *Père du peuple*, avait eu une jeunesse orageuse. Aimable et spirituel, d'une figure ordinaire, mais animée par un regard perçant; adroit à tous les exercices du corps, ami des plaisirs et ingénieux à ordonner des fêtes où il se faisait distinguer par sa grâce et sa gaîté, il avait épuisé tous les moyens de séduction pour plaire à Anne de Bretagne, et il avait réussi. Toutefois cette princesse, maîtresse d'elle-même n'avait donné que des espérances à la passion du prince, et lorsqu'elle devint veuve elle se retira en Bretagne.

1498. — Le premier soin du nouveau souverain, en montant sur le trône fut de se former un conseil dans le sein duquel figurèrent trois personnages recommandables, auxquels la Touraine avait donné le jour. Georges d'Amboise, créé cardinal le 17 septembre 1498, fut nommé premier ministre; Imbert de Bastarnay eut la direction des finances, et Etienne de Pontcher fut membre du conseil, et dans la suite fut pourvu de la dignité de garde des sceaux.

Louis XII, alors âgé de trente-six ans, était marié depuis plus de vingt ans avec la malheureuse Jeanne de France, fille de Louis XI, dont il n'avait jamais eu d'enfants : cette princesse disgraciée de la nature, avait la figure noire et laide, la taille petite et contrefaite. Lorsque Louis XI la proposa la première fois au duc d'Orléans, ce prince répondit : « J'aimerais mieux « épouser une demoiselle de la Beauce. » Mais Louis avait des moyens toujours prêts pour faire exécuter ses volontés; il lui déclara que s'il n'épousait pas sa fille, il le ferait prêtre ou moine, ajoutant, devant ses courtisans, que dans le cas contraire il le ferait jeter à l'eau dans un sac, procédé fort à la mode sous ce monarque. Voilà comme Jeanne de France devint duchesse d'Orléans, et plus tard reine de France. Comme duchesse elle eut lougtemps à souffrir des infidélités de son époux; comme reine elle ne fit qu'essayer la couronne.

Pour mettre à exécution ses projets, Louis XII commença d'abord par demander la dissolution de son mariage; un tribunal ecclésiastique auquel le pape avait adjoint deux commissaires, fut institué à Tours en 1498, pour juger ette grande affaire.

1498. — L'histoire de ce curieux et scandaleux procès est si connue que nous croyons bien faire en la passant sous silence, d'autant plus qu'elle renferme des détails propres à faire rougir le lecteur par le cynisme des demandes adressées à la reine sur ses habitudes matrimoniales. Pour terminer cette odieuse tragédie le tribunal ordonna pour complément que la reine serait visitée. Jeanne retrouva alors toute sa

fierté : « Je ne veux, dit-elle, d'autre juge que le roi lui-
« même : et s'il affirme par serment les faits qu'il a allégués
« contre moi, je me soumets à être condamnée. » Louis XII
renouvela son serment sur l'évangile, et le mariage fut déclaré nul !..

1499. — Le jour où cet inique jugement fut prononcé à Amboise dans l'église de Saint-Denis, les habitants de cette ville, montrant au doigt les prélats et les théologiens qui avaient pris part à la sentence, s'écriaient tout haut : « Voilà « Caïphe, voilà Hérode, voilà Pilate qui ont jugé contre la « haute dame qu'elle n'est plus la reine de France. »

Dony d'Attichi rapporte qu'un certain frère Olivier Maillard, prédicateur cordelier très-populaire, blâma hautement le divorce du roi.

Comme on le menaçait pour lui imposer silence, d'être lié dans un sac et noyé sans autre forme de procès, il répondit : « qu'il aimait mieux, prêchant la vérité, aller en paradis par « eau, si on l'y faisait jeter, que par terre et par son chemin « ordinaire. »

Et il répétait toujours dans ses sermons que Jeanne était la vraie et légitime reine de France.

La réprobation publique n'arrêta nullement Louis XII dans ses projets, et, le 7 janvier 1499, il épousa cette Anne de Bretagne qu'il aimait depuis ses plus jeunes années.

Comme les autres villes de France, la ville d'Amboise voulut à son tour faire une brillante réception à la nouvelle reine malgré l'état obéré de ses finances. Mais ce château lui rappelait la mort de Charles son époux ; et Louis XII, pour plusieurs raisons, se dispensa de paraître à côté d'elle dans son entrée solennelle.

On supprima également du cérémonial le mystère de *Jules César*, dont la ville avait fait tous les frais : le sujet reposait

PAGODE DE CHANTELOUP.

sur la tradition historique de l'arrivée et du séjour de César à Amboise.

1500. — Le roi ne tarda pas à rejoindre la reine au château d'Amboise; et pour embellir ce séjour qui avait vu grandir sa passion pour elle, il y créa le jardin royal, et fit construire une belle galerie qui le bordait du côté de la rivière.

Vers ce même temps, la ville d'Amboise reçut la visite de plusieurs hôtes illustres; Louise de Savoie et ses deux enfants, le comte d'Angoulême, qui, plus tard, devint roi de France, sous le nom de François Ier, âgé de cinq ans, et la princesse Marguerite de Valois, sa sœur. Louis XII, qui, dit-on, les aimait tendrement, les accueillit avec une grande bonté, et les entoura de tous les plaisirs de leur âge.

1501. — C'est au milieu de divers jeux, joûtes, tournois et cavalcades, qui eurent lieu à Amboise en l'honneur de ces princes, que le jeune comte d'Angoulême, âgé de six ans, fut emporté par une haquenée qui lui avait été donnée par son gouverneur, le maréchal de Gié. Voici comme sa mère, Louise de Savoie, raconte cette dangereuse aventure qui arriva près de la maison de Sauvage, dans la garenne d'Amboise : « Le jour de la conversion de saint Paul, 25 janvier
« 1501, environ deux heures après-midi, mon roi, mon sei-
« gneur, mon César et mon fils, auprès d'Amboise, fut em-
« porté au travers des champs par une haquenée que lui
« avait donnée le maréchal de Gié ; et fut le danger si grand,
« que ceux qui étaient présents l'estimèrent irréparable, etc...

Ces divertissements se prolongèrent jusqu'au 3 août 1508 « époque où, dit Louise de Savoie, mon fils partit pour être « homme de cour. »

L'expédition de Louis XII en Italie ne lui fut guère plus heureuse qu'à Charles VIII, dont il voulut imiter l'esprit aventureux et chevaleresque. En somme définitive, ses armées ne rapportèrent en France que le désespoir et la misère ; il en fit lui-même une maladie qui le conduisit presque au tombeau. C'était à Blois, au mois d'avril 1504.

1504. — « Ce serait une chose incroyable, dit Saint-Gelais,
« d'écrire ni raconter les plaintes et les regrets qui se fai-
« saient par tout le royaume, pour le chagrin que chacun
« avait du mal de son bon roi. On eut vu jour et nuit à Blois,
« à Amboise, à Tours et partout ailleurs, hommes et femmes
« aller tout nus par les églises et aux saints lieux, afin d'im-
« pétrer envers la divine clémence grâce de santé à celui que
« l'on avait si grand peur de perdre comme s'il eût été le
« père de chacun. » Les regrets des Français de cette époque allaient un peu loin ; M. de Saint-Gelais a sans doute voulu dire les pieds nus...

La reine désespérant des jours de son mari, fit embarquer sur la Loire, pour être conduits à Nantes, ses trésors, ses meubles et ses bijoux les plus précieux. Le maréchal de Gié, voyant dans ses préparatifs, non-seulement l'enlèvement des effets sur lesquels le futur monarque pouvait avoir des droits, mais encore le projet de dérober un jour la Bretagne à la France, se rendit maître du cours de la Loire et fit arrêter les bateaux qui transportaient les bagages de la reine.

Louis XII se rétablit assez promptement ; et le premier prix qu'Anne de Bretagne sollicita des soins qu'elle lui avait prodigués pendant sa maladie, fut la mise en jugement du maréchal de Gié comme criminel de lèse-majesté. Le roi qui aimait beaucoup le maréchal et qui, intérieurement, ne pouvait que louer et approuver son zèle, ne put le sauver de la vengeance d'une femme outragée qui avait besoin d'une victime. Il fut mis en jugement. Lorsqu'on se donne la peine de lire cette longue et inique procédure, assise sur de misérables

commérages, on éprouve un sentiment de pitié à voir un roi, juste et bon comme Louis XII, céder au caprice haineux de sa femme pour livrer à la justice un de ses plus dévoués serviteurs. Malgré tout le mouvement que la reine se donna, et trente mille livres tournois qu'elle sacrifia pour le faire condamner à mort, le parlement de Toulouse écarta le crime de lèse-majesté, et par arrêt du 9 février 1505, Pierre de Rohan, maréchal de Gié, fut privé de tous ses honneurs et dignités, etc. L'arrêt fut lu à Paris dans la grand'salle, et il fut crié à son de trompe devant la principale porte des châteaux d'Amboise et d'Angers. La conduite d'Anne de Bretagne dans ce procès fut peu goûtée à Paris, elle en fut pour ses démarches et pour ses 30,000 livres tournois; mais pour cacher son désappointement, elle affectait de dire qu'elle n'avait point désiré le supplice du maréchal : « Étant mort, disait-elle, il serait trop
« heureux, la mort étant le remède de tous les maux et dou-
« leurs; mais j'ai voulu qu'il vive bas et ravalé, en marissons
« et tristesse. »

Ce dernier vœu ne fut pas plus exaucé que le premier; le maréchal de Gié se retira en Anjou, dans son magnifique château du Verger, où il vécut somptueusement, visité par ses nombreux amis et même par plusieurs grands seigneurs de la cour.

1506. — En l'année 1506, les États-Généraux furent rassemblés à Tours : ils avaient pour principal but de réformer le traité, aussi impolitique qu'onéreux à la France, fait à Lyon en 1503, par lequel Louis XII s'était engagé à marier sa fille Claude, qui n'était alors âgée que de sept ans, avec Charles de Luxembourg (devenu depuis l'empereur Charles-Quint), auquel elle devait porter en dot les duchés de Milan et de Bretagne, avec le comté de Blois. L'exécution d'un pareil traité répugnait fort au roi; d'un autre côté, la reine usait de tout son ascendant sur l'esprit de son époux pour l'exciter à conclure cette union. Les États, pour le tirer de là, se déclarèrent pour le mariage de la princesse Claude avec François, comte d'Angoulême, héritier probable de la couronne de France, et décernèrent à Louis XII le titre si doux de *Père du peuple*.

La ville de Tours avait, à cette occasion, donné le signal des réjouissances. La ville d'Amboise voulut aussi témoigner son allégresse. Les revenus de la ville d'Amboise auraient été insuffisants pour en payer la dépense prévue, car en cette année son revenu n'était que de 627 livres, 6 sols, 4 deniers. Cependant elle se mit en émoi pour préparer le *Mystère de la Passion* qui fut joué au commencement de 1507. La mise en scène de ce mystère coûta près de 550 livres, équivalant à 3,500 francs d'aujourd'hui. Trois des principaux habitants prêtèrent 400 livres, qui vraisemblablement, dit E. Cartier, ne leur furent jamais rendus. Car, en 1511, le compte général des recettes et des dépenses n'était même pas rendu par Jean Coqueau, chargé de la comptabilité du mystère; il y eut même de longues procédures pour parvenir à une liquidation.

Nous trouvons dans M. Cartier, d'Amboise, de précieux et curieux renseignements sur les représentations dramatiques qui eurent lieu à Amboise, sous les rois qui habitèrent Amboise pendant les xve et xvie siècles.

« En faisant, dit-il, des recherches dans les archives de la
« mairie d'Amboise pour rassembler les éléments de l'histoire
« de cette ville et de son château, j'ai trouvé quelques traces,
« des moralités et mystères qui, jusque dans le cours du
« xvie siècle, préludèrent à nos représentions dramatiques,
« aux chefs-d'œuvre de Corneille et de Racine. Amboise trou-
« vait alors dans son sein les auteurs et les acteurs de ces
« pièces historiques ou religieuses. Si l'on jugeait d'Amboise,
« à cette époque, par son importance actuelle dans le monde

« littéraire et artistique, on aurait sans doute quelque peine
« à concevoir une grande idée du mérite des compositions qui
« paraissent avoir pris naissance dans le pays, et du talent
« des acteurs improvisés de ces drames. Mais il faut se sou-
« venir que depuis près d'un siècle, Amboise avait été la de-
« meure de nos rois, Charles VII, Louis XI et Charles VIII ;
« que ce dernier, principalement, avait dû contribuer beau-
« coup aux progrès de la civilisation amboisienne en amenant
« d'Italie les artistes qui avaient entrepris la reconstruction
« du château. Sans la fin prématurée de ce prince aimable,
« c'est là qu'eût commencé la *Renaissance*. Cette réunion
« d'hommes éclairés dans tous les genres avait certainement
« inspiré aux habitants d'Amboise le goût des sciences et des
« arts ; il n'est donc point étonnant que sous le règne heureux
« de Louis XII cette ville eût jeté plus d'éclat qu'avant sa
« réunion à la couronne et que depuis son abandon comme
« résidence royale. Il est fâcheux, ajoute M. Cartier, que les
« mystères joués à Amboise ne soient pas parvenus jusqu'à
« nous, imprimés ou manuscrits ; peut-être ont-ils existé
« longtemps dans les archives ou bibliothèques du château,
« de l'hôtel-de-ville ou du chapitre, mais il ne paraît pas
« qu'ils y fussent à l'époque de la révolution. »

1510. — Le 27 mai, le cardinal Georges d'Amboise, après avoir eu le maniement des affaires de l'État depuis l'avénement au trône de Louis XII, mourut généralement regretté, dans un moment où sa prudence et son habileté pouvaient être le plus utiles au monarque français. Nous voulons parler du pape Jules II, relativement à la guerre que ce pontife belliqueux faisait à Alphonse duc de Ferrare, allié de la France. Les armes temporelles de ce pape ayant été souvent malheureuses, il voulut recourir aux armes spirituelles, qui, jusqu'à certain point épouvantaient encore les princes chrétiens. Après avoir excommunié Alphonse et Charles d'Amboise-Chaumont, lieutenant général des armées du roi en Italie, il menaça Louis XII lui-même de l'excommunier et de mettre son royaume en interdit. Le roi voulut se mettre en mesure contre de pareilles menaces; il fit donc assembler à Tours, vers la fin de septembre 1510, l'élite du clergé de son royaume pour avoir son avis sur la guerre qu'il se proposait de faire au pape, qui lui-même l'avait provoquée par ses hostilités. On ne comptait dans cette réunion que deux cardinaux, et tous les deux étaient nés en Touraine, savoir : Guillaume Briçonnet, évêque de Lodève, et René de Prie, évêque de Bayeux. On y proposa huit questions, qui toutes furent résolues en faveur du roi et des libertés de l'Église gallicane. Le clergé, dans cette assemblée accorda au roi un don gratuit de 280,000 livres, non compris 40,000 livres pour les frais d'un concile qu'on se proposa de convoquer à Lyon. Le diocèse de Tours fut cotisé dans ces deux sommes à celle de 6,400. Fort de l'avis unanime de cette assemblée, le roi fit défense à tous ses sujets de se pourvoir en cour de Rome pour l'obtention d'aucuns bénéfices, et d'y envoyer aucunes sommes d'argent pour toute cause semblable. Jules II, irrité contre les cardinaux Briçonnet et de Prie, les raya du sacré collége.

1514. — Louis XII, à la suite de toutes ces tribulations, éprouva un nouveau malheur par suite du décès de la reine Anne, qui mourut à Blois le 9 janvier 1514. Cette princesse n'avait que trente-six ans; sa dévotion était peu éclairée; ses entretiens sévères; son caractère impétueux et ferme jusqu'à mériter que Louis l'appelât *sa bretonne;* mais elle avait de l'esprit, et la grâce qui le fait valoir; elle était généreuse, faisait beaucoup d'aumônes, et pratiquait les plus nobles vertus.

Ce fut Anne de Bretagne qui institua l'ordre de la Cordelière « en l'honneur des liens dont le Sauveur du monde fut

« garrotté pendant la nuit de sa Passion ; » et, malgré le peu de tendresse qu'elle ressentit toujours pour Louise de Savoie, elle lui laissa l'administration de ses biens, comme à la mère de l'époux futur de sa fille, la princesse Claude, car les yeux d'Anne de Bretagne se fermèrent sans avoir vu célébrer ce mariage.

1515. — Louis XII lui survécut à peine d'une année. Dans l'intervalle, au milieu de la paix générale de l'Europe, il l'avait remplacée sur le trône par Marie d'Angleterre, âgée de dix-huit ans, d'humeur vive et galante. Le comte d'Angoulême, depuis François Ier, se montra fort épris de la nouvelle reine de France. Il était impétueux dans ses désirs ; il lui demanda un rendez-vous. L'intrigue allait se nouer, lorsque Louise de Savoie, à l'aide de son expérience, fit comprendre à son fils les dangers que les succès de l'amant, auprès de la reine, auraient pour l'avenir de l'héritier présomptif de la couronne. Le monarque valétudinaire ne tarda pas à expier son imprudente fantaisie, et, après les fêtes de son nouveau mariage, il passa, dit Mézeray : « des joies de ce monde aux joies du paradis. » Il cessa de vivre le 1er janvier 1515, à l'âge de cinquante-deux ans six mois, après un règne de dix-sept ans six mois et quatre jours, qui fut constamment heureux et paisible.

François Ier avait passé une grande partie de sa jeunesse au château d'Amboise ; il en conserva sur le trône un doux souvenir. Il aimait à choisir cette résidence pour y donner des fêtes ; il se plaisait surtout dans les combats chevaleresques ou dans les exercices violents, qui lui permettaient de faire briller aux yeux des dames de la cour sa force et son adresse.

Ce fut en 1515, première année de son règne, que François Ier, célébrant à Amboise les noces de Renée de Montpensier avec le duc de Lorraine, donna une preuve remarquable de sa force et de son courage : pour amuser les dames, il avait fait prendre vivant dans la forêt et renfermer dans la grande cour du château, un sanglier qui, malgré toutes les précautions prises, et furieux des provocations dont il était l'objet, parvint à forcer l'entrée du grand escalier. Déjà il menaçait l'appartement de la reine, lorsque le roi se présenta seul et le perça de son épée si profondément que l'animal en mourut deux heures après.

On a fait à François Ier (dit Chalmel) l'honneur de le surnommer le restaurateur des lettres. Mais ce titre appartiendrait avec plus de justice à Louis XII, qui, bien plus que son successeur, s'attacha à protéger les savants, à converser avec eux, à faire recueillir par ses ambassadeurs les livres et les manuscrits, et à introduire en France l'étude de la langue grecque, grâce aux soins constants d'un de nos savants compatriotes : ce fut en effet à François Tissard, né à Amboise, que l'on fut redevable des premières impressions grecques qui furent faites à Paris. Le peu de bien que François Ier a fait aux lettres en fondant le collége de France et en répandant quelques bienfaits avec plus d'ostentation que de discernement, ne peut être mis en balance avec l'établissement de la censure et ses lettres-patentes de 1533, qui prohibaient l'imprimerie *sous peine de la hart*.

Quatre mois après son sacre, le roi vint à Amboise, où il resta quelques temps gravement incommodé de la piqûre d'une épine qui, en chassant dans la forêt, avait traversé sa botte et était entrée fort avant dans sa jambe. Cet événement eut lieu, dit un chroniqueur, avant le mariage de Renée de Montpensier, dont il est parlé ci-dessus, et où il y eut à Amboise des fêtes magnifiques.

Immédiatement après ces fêtes, le roi partit pour l'Italie, et la reine accoucha à Amboise le 19 août 1515 d'une fille nommée Louise qui ne vécut que vingt-cinq mois. Elle mit également au jour le 13 octobre 1516 une autre princesse du nom de Charlotte. Enfin le 28 février 1517, elle accoucha dans ce même château d'un fils qui fut nommé François. Il fut baptisé dans l'église de Saint-Florentin. Ses parrains furent le pape Léon X et le duc de Lorraine, et la marraine Marguerite de Lorraine, duchesse d'Alençon; Laurent de Médicis duc d'Urbain, neveu du Pape, représenta son oncle à cette cérémonie.

Le pape avait été bien aise de donner à François Ier cette marque de déférence en retour du sacrifice que celui-ci lui avait fait des libertés de l'église gallicane par le trop fameux concordat de l'année de 1515, qui venait enfin d'être enregistré au parlement par l'exprès commandement du roi, malgré la courageuse opposition des magistrats et de l'université. Le parlement avait envoyé à Amboise une députation de douze de ses membres pour faire de nouvelles représentations : mais le chancelier Duprat, fauteur de ce concordat, leur ferma tout accès auprès du monarque. Arrivés à Amboise le 13 janvier, ils ne purent avoir audience que le 28 février, et le 8 mars le roi leur fit donner l'ordre de partir dans un langage plus digne d'un sultan que d'un monarque français : « Signifiés, leur « dit-il, que s'ils sont encore ici demain au lever du soleil, « je les ferai jeter dans un cul-de-basse-fosse, où je les tien- « drai six mois. » Nous ne nous étendrons pas davantage sur ce concordat dont les détails ne sont que trop connus, et que le parlement caractérisa avec autant de précision que de vérité, en disant que le pape et le roi s'étaient réciproquement cédé ce qui n'appartenait ni à l'un ni à l'autre. Ce ne fut qu'en 1518 que le parlement consentit à enregistrer le concordat.

1518. — Malgré l'enregistrement forcé du concordat, prescrit à toutes les cours du royaume par l'édit du roi donné à Amboise au mois de mars 1518, le chapitre de l'église métropolitaine de Tours, lors de l'avénement de Martin de Beaune à ce siége archiépiscopal, n'en persista pas moins dans son ancien droit d'élire ses archevêques. Le chancelier Duprat tout dévoué à la cour de Rome, pour prix du chapeau qu'il en avait reçu, fit rendre une ordonnance du roi portant que les originaux de ces titres lui seraient représentés dans le cours de l'année. Lorsque le chancelier les eut en sa possession, nous dit de Thou, il les fit jeter au feu et abolit ainsi d'un seul coup tous ces priviléges. L'église de Tours n'avait d'abord fourni que des copies ; mais un arrêt du conseil privé donné à Saint-Germain-en-Laye le 20 août 1520, ordonna que les titres seraient apportés en original.

Néamoins les chanoines de Tours, pour conserver au moins une apparence de liberté, continuèrent pendant quelques années encore la cérémonie de l'élection, nommant pour la forme les archevêques que le roi avait choisis.

1520. — François Ier, par ses folles prodigalités et les frais occasionnés par sa guerre d'Italie, fut obligé de recourir à toutes sortes d'expédients, jusqu'à dépareiller les églises de leur propriété, sans respect pour le tombeau des saints, ce qui ne surprendra pas d'un prince qui encourageait et secourait les protestants d'Allemagne, en même temps qu'il faisait emprisonner, proscrire et brûler ceux de son pays. Or, en voici une preuve des plus convaincantes : « De son vivant, le
« roi Louis XI avait fait entourer le tombeau de Saint-Martin
« d'un treillis d'argent massif, du poids de 6,776 marcs.
« François Ier considérant avec raison cette matière comme
« une ressource prompte et certaine, en fit la demande au
« chapitre de Saint-Martin, qui ne manqua pas de raisons
« solides pour appuyer son refus. Le roi, excité par ses cour-
« tisans, ne voulut pas en avoir le démenti. Accoutumé à

« mettre sa volonté à la place de la loi et de la justice, il
« donna au surintendant Jacques de Beaune de Semblançay,
« et à Girard Lecoq, maître des requêtes, la commission de
« l'obtenir de gré ou de force. On leur adjoignit pour cela
« Jean Gaillard, évêque de Tournay, Pierre de Glandèves,
« évêque de Bazas, et un certain nombre d'archers commandés
« par un capitaine de la garde du roi qui était alors au châ-
« teau de Bury, près Blois. Sur la sommation qui fut faite au
« chapitre de livrer le treillis, le corps municipal de Tours,
« de concert avec les principales communautés ecclésiastiques,
« offrit d'en payer la valeur intrinsèque en quatre termes
« égaux assez rapprochés. L'évêque de Tournay fut chargé de
« porter cette proposition au roi. On ne doutait pas qu'elle
« ne fût acceptée, attendu l'avantage évident qu'elle présen-
« tait. Mais au lieu de cette adhésion, l'ordre que rapporta
« Jean Gaillard fut qu'il n'y eut si hardi pour mettre em-
« pêchement à l'enlèvement du treillis, sous peine de corps et
« de biens..... »

Malgré l'ordre précis du roi, et quoique les commissaires eussent eu la précaution délicate de se faire accompagner du bourreau, chargé de cordes et disposé à exécuter ce qu'on lui commanderait, les chanoines persistèrent dans les refus d'ouvrir les portes de leur église, et protestèrent de nouveau, tant de paroles que par écrit.

1522. — Les commissaires, comme on le croit bien, n'eurent aucun égard à ces nouvelles protestations. Ce qui paraîtra le plus étonnant, et à coup sûr le moins édifiant, c'est que deux évêques se fussent chargés d'une pareille commission, que leur caractère pouvait et devait même les empêcher d'accepter. Mais quels devoirs, dit Chalmel, à qui nous empruntons ce récit, dans certaines âmes serviles, ne fait pas oublier l'envie de complaire aux volontés du maître ! Ces commissaires firent donc lever les serrures de la porte d'entrée, le vendredi 8 août 1522. Le chœur restait encore à franchir. Le sacristain, qu'on avait fait amener, refusa de l'ouvrir, et s'excusa en disant que le chapitre avait les clefs; mais ayant vu la corde se dérouler devant lui, il jeta les clefs à terre en disant : « *Puisque je ne puis le défendre, saint Martin se défende « lui-même.* » Les morceaux provenant de ce grillage furent remis aux mains de Jean Meudon, maître de la monnaie de Tours, et convertis en pièces d'argent que l'on nomma *Testons à la Grille.* Il en fut frappé pour près de *quatre cent mille écus*, en y adjoignant de l'alliage, ce qui se fit plusieurs fois, sous ce règne du pouvoir absolu. Quelques esprits superstitieux publièrent même que la défaite de Pavie, où le roi fut fait prisonnier, était une punition divine pour venger le sacrilége commis envers le tombeau de Saint-Martin.

Malgré que ces faits ne se rapportent à notre sujet que d'une manière détournée, ils nous ont paru si intéressants et surtout si extraordinaires, que nous avons cédé au désir de les y intercaler.

Vers ce même temps, le célèbre Léonard de Vinci, qui possédait à Amboise le château du *Cloux* ou Clos-Lucé, se sentant dangereusement malade, fit son testament dans lequel il prescrivit les cérémonies de ses funérailles; il désigna même les corps religieux d'Amboise qui devaient en faire partie et y assister; c'est cette circonstance et quelques autres faits, qui font supposer qu'il mourut à Amboise, et non à Fontainebleau, dans les bras de François Ier, comme l'ont avancé plusieurs historiens.

Il existait à Amboise anciennement, dit M. Cartier, quelques peintures de Léonard; on ignore ce qu'elles sont devenues. Sa maison du Clos-Lucé offrait quelques traces de décorations intérieures qu'on pouvait attribuer à son époque; elles ont disparu sous de modernes restaurations : la jolie chapelle qu'on y voit aujourd'hui pouvait être de son temps.

Il n'entre pas dans le but de ce petit travail de retracer les grands événements du règne de François Ier, auxquels le séjour d'Amboise a été complètement étranger; nous passerons également sous silence les diverses scènes scandaleuses rapportées par Brantôme et Gaillard, l'historien de François Ier, et en dernier lieu par M. J. Vatout, qui entre, sous ce rapport, dans une foule de détails très-curieux.

1531. — La reine, mère du roi, qui, depuis l'année 1518, avait eu le gouvernement d'Amboise avec la jouissance du domaine, mourut le 22 septembre 1531 à Grez dans le Gâtinais. La baronie d'Amboise, ainsi que les cent quarante-six fiefs qui en relevaient, rentrèrent sous le domaine de la couronne.

1532. — En cette même année, la dignité de sénéchal héréditaire avait été abolie par sa réunion à la couronne ; mais, en 1532, François Ier, toujours disposé à créer des emplois qu'il pût vendre, établit des grands baillis, ou baillis d'épée, au nom desquels se rendait la justice par des lieutenants-généraux du bailliage, amalgame assez bizarre des armes et de la robe. Jean Babou, seigneur de la Bourdaisière (1), fut pourvu de ce nouvel office immédiatement après sa création, soit qu'il l'eût réellement acquis, soit qu'il en eût été gratifié à raison de l'intimité du roi avec ses sœurs.

1539. — Au mois de décembre 1539, l'empereur Charles-Quint vint à Amboise ; voici dans quelles circonstances : ce

---

(1) Le château de la Bourdaisière, situé sur le Cher, vis-à-vis Azay, fut bâti par François Ier en 1520, époque à laquelle ce roi commençait les châteaux féeriques de Chambord, de Saint-Germain. L'histoire nous fait connaître que sous son règne, il s'y passa une foule d'aventures galantes, dans la famille Babou.

monarque embarrassé de la révolte des Flamands et impatient de les punir, demanda à François Ier passage par la France. Dans un élan plus chevaleresque que politique, et malgré les sages folies de Triboulet, le roi s'empressant d'accéder à cette demande, alla jusqu'à Châtellerault à la rencontre de son hôte. Il le conduisit d'abord à Loches et de là au château d'Amboise.

« Or, au château d'Amboise, dit Dubellay dans ses mé-
« moires, y a deux grosses tours édifiées par le roi Charles VIII,
« par lesquelles on monte au chasteau, et sont ces dittes tours
« si spatieuses et si artificiellement construites, que charrettes,
« mullets et littières y montent aisément jusques au dit chas-
« teau, qui est assis sur le haut d'une montagne. Et pour
« faire l'entrée de l'empereur plus magnifique, le roi ordonna
« la faire de nuit, par dedans l'une des dittes tours, aornée
« de tous les aornements dont on se pouvait adviser, et tant
« garnie de flambeaux et autres luminaires, qu'on y voyait
« aussi cler qu'est une campagne en plein midy. »

1539. — Un accident involontaire excita la défiance et la crainte de Charles-Quint. Un tapissier selon les uns, un parfumeur, selon les autres, ayant allumé du feu dans une chambre voisine de celle de l'empereur, ce monarque se sentit tout à coup enveloppé d'un nuage de fumée, et se crut en danger. François Ier en fut à peine averti, qu'il donna des ordres les plus prompts pour rassurer son hôte ; il aurait même poussé la courtoisie jusqu'à faire pendre l'auteur de cette imprudence, si l'empereur n'eût sollicité lui-même la grâce du coupable.

1551. — Nous ne retrouvons des traces de la présence de la cour à Amboise que sous le règne suivant. Henri II y fit son entrée solennelle le 16 avril 1551. Il établit la mairie en 1557.

1552. — Nous passerions rapidement sur ce règne, qui n'offre rien de bien important sur Amboise. Cependant, les guerres de religion devant en faire bientôt un théâtre de troubles, de pillages et d'exécutions sanglantes, nous devons rappeler ici que ce fut en 1552 que se développèrent les premiers ferments qui, dix ans plus tard, éclatèrent dans leur plus grande intensité. Un ministre, ex-augustin, nommé de l'Épine, et son prieur nommé Gerbaut, furent les premiers qui répandirent à Tours les doctrines de Luther et de Calvin. N'osant pas encore prêcher ouvertement dans l'intérieur de la ville, ils tinrent leurs assemblées dans les excavations qu'offrent les côteaux de Saint-Georges et de Rochecorbon. Bientôt leurs sectateurs se multiplièrent à tel point, qu'ils ne craignirent plus de se montrer ouvertement en public et d'établir un temple particulier. Gerbaut même, en manteau court, allait prêcher dans les rues, la bible à la main. Ces sortes de prédications publiques, toujours dangereuses par l'effet qu'elles produisent sur la multitude ignorante, amenèrent les premières hostilités qui furent commises à Tours sur les signes extérieurs du culte catholique, par la destruction d'une croix de pierre et d'une image de la Vierge, placées sur le chemin de Saint-Éloi à Beaumont-les-Tours. Les oppositions que ses novateurs rencontrèrent, les persécutions dont ils furent l'objet ne firent qu'enflammer davantage leur zèle pour le prosélytisme, et l'on est obligé de convenir, dit Chalmel, que la licence et les mœurs dissolues de cette époque fournissaient aux nouveaux adeptes des arguments puissants en faveur d'une doctrine qui se présentait sous le titre de réforme, motif souvent illusoire, mais toujours sûr d'être accueilli favorablement, parce que partout et dans tous les temps, c'est sur le plus grand nombre que pèsent les abus.

Cette première fermentation sembla se calmer un peu par la présence du roi, qui, vers cette époque, se rendit en Touraine. Le 5 mai il fit son entrée solennelle à Tours. Le lendemain, il fut reçu dans l'église de Saint-Martin en qualité de chanoine honoraire, à l'exemple de beaucoup de ses prédécesseurs.

Le 18 avril 1556, la ville d'Amboise vit mourir dans ses murs un des poètes les plus illustres de l'Italie, Luigi Alamanni, auteur du poëme intitulé *la Coltivazione*, qu'il composa en France, ainsi que la majeure partie de ses autres ouvrages.

Henri II, blessé mortellement dans un tournoi sous la lance de Montgommery, mourut peu de temps après des suites de sa blessure.

1559. — François II, son fils aîné, lui succéda et fit son entrée à Amboise, avec Marie Stuart, son épouse, le 29 novembre 1559. Il y revint l'année suivante, au moment de cette fameuse conspiration, dite d'Amboise, qui fit tant de bruit et qui eut de si piteux résultats. Ce jeune prince, né le 19 janvier 1543, n'avait que quinze ans cinq mois lorsqu'il monta sur le trône. Il était majeur suivant la loi française; mais sa complexion délicate, son caractère plus faible encore, semblaient, s'il eût vécu, le condamner à une longue minorité. Malgré cet état de langueur physique et morale, on lui avait fait épouser, le 24 avril 1558, Marie Stuart, reine d'Écosse, fille unique de Jacques V et de Marie de Lorraine. Cette princesse brillait de tout l'éclat de l'esprit, de la jeunesse et de la beauté; mais le sceptre royal, entre la main de ces enfants couronnés, n'était, à vrai dire, qu'un hochet, car les Guises, nouveaux maires du palais, occupaient toutes les avenues du pouvoir.

Cette omnipotence, exercée par une famille étrangère nouvellement introduite en France, avait excité la jalousie et la haine des princes et des seigneurs français. Le connétable de Montmorency ne pardonnait pas au duc de Guise de l'avoir dépouillé de sa charge de grand-maître de la maison du roi ; et l'intolérance du cardinal de Lorraine avait irrité le zèle des protestants, à la tête desquels figuraient Antoine de Bourbon, roi de Navarre, le prince de Condé, son frère, et l'amiral de Coligny.

La réforme, qui avait commencé à prendre naissance sous François Ier, se développa en Touraine ainsi que dans presque toutes les villes du royaume, sous le règne de François II.

Jusque-là, ceux qui professaient n'avaient été connus que sous le nom de luthériens ; mais, en 1560, on commença à les appeler huguenots ; l'origine de ce nom est peu connue, on prétend qu'elle est allemande et dérive du mot *eidgnossen*, qui signifie associés ou conjurés. Simonde de Sismondi en donne ainsi l'interprétation : « Vers cette époque, on commençait
« à donner en France aux réformés le nom de *huguenots*, nom
« emprunté à la ville sainte des protestants, Genève. Dans cette
« république, dès l'an 1518, on désignait par ce nom ou celui
« d'*Eidgenossen* (confédérés de la Suisse), les partisans de la
« liberté. (*Histoire des Francs*, tome II, page 353.) » L'éloignement des princes du sang et de la cour et des principales charges de l'État fit naître un nouveau parti de mécontents, qui, s'étant joint aux huguenots devint de jour en jour plus redoutable. Les persécutions, les proscriptions, les supplices qui s'étaient multipliés sous les deux règnes précédents et au commencement de celui de François II, l'inquisition, la chambre ardente établie au sein du parlement, et ainsi nommée parce qu'elle condamnait au feu ceux qu'elle déclarait coupables d'hérésie, avait porté l'exaspération dans le parti réformiste et même chez beaucoup d'hommes sages et tolérants.

Les chefs de ce parti s'assemblèrent donc secrètement. Ils résolurent de se défaire des Guises, et d'enlever le roi pour le soustraire à leur domination. Leur résolution fortement prise, les conjurés s'organisent en secret, deux chefs dirigent l'entreprise : l'un, le prince de Condé, désirant rester inconnu, n'est désigné que sous le nom du *capitaine muet;* l'autre, celui-là véritablement l'âme du complot, est un simple gentilhomme nommé La Renaudie. Il déploya dans la conduite de cette grande affaire une infatigable activité, une intelligence, une habileté extraordinaires. Il parcourut toute la France pour s'assurer des esprits ; il se rendit en Suisse, à Genève, à Lausanne et jusqu'en Allemagne. Partout il recruta des partisans, des soldats, qui devaient venir se joindre à lui au jour et aux lieux indiqués.

La conjuration devait éclater le 10 mars 1560 ; on était à la fin de février, et rien des projets de La Renaudie n'avait transpiré, lorsqu'il eut l'imprudence de se confier à un avocat nommé Des Avenelles, chez lequel il logeait. Des Avenelles était aussi huguenot ; cependant, soit peur, soit scrupule, il révéla tout au secrétaire du duc de Guise, qui l'envoya lui-même à Blois sur le champ. Grand fut l'effroi à la cour. Elle se hâta de se rendre à Amboise.

1560. — Les Guises imaginèrent ensuite, de concert avec Catherine, de faire promulguer un édit de pacification en faveur des réformés, espérant de la sorte les ramener. Ce fut en vain. La Renaudie continua de faire filer ses bandes vers la Loire. S'il eut aussi bien pu les réunir toutes sans encombre à Amboise, sans nul doute il réussissait. Une nouvelle trahison le perdit. Un gentilhomme du nom de Lignères vint tout découvrir à la reine-mère, le plan, les moyens, les dépôts d'armes, le nombre même des conjurés. Beaucoup d'entre eux, sans méfiance, urent aussitôt arrêtés. D'autres, Gascons et Béarnais, venaient d'arriver à Tours, et s'étaient logés avec quelques gens de guerre dans les faubourgs. Le comte de Sancerre, nouvellement nommé gouverneur de la ville, informé de leur retraite, accourt à la tête de ses gardes pour s'assurer de leur personne. Mais averti à temps, le baron de Castelnau, qui les commande, parvient à repousser l'attaque et à prendre la fuite. Le gouverneur alors crie aux armes ; personne ne répond. Les habitants, en majeure partie, tiennent pour la réforme, ne bougent pas, et laissent Castelnau s'éloigner tranquillement avec sa petite troupe.

Ce nouvel échec affecta les conjurés sans abattre leur courage ; leur bouillante ardeur n'en fut pas refroidie. Ils allèrent rejoindre le gros de leurs amis cantonnés dans le bourg de Noizay, à un chemin de Tours à Amboise, et s'emparèrent même du château, où le duc de Nemours vint les assiéger avec des forces supérieures. Pendant plusieurs jours, leur intention fut de se défendre jusqu'à la dernière extrémité, de s'ensevelir sous ses ruines plutôt que de se rendre.

Mais deux d'entre eux, Mazères et Raunay, ayant été pris sans armes sous les murs du château, au moment où ils se promenaient, et comptant d'ailleurs sur la parole du duc, qui leur promettait, avec la vie sauve, des conditions honorables, ils entrèrent en accommodement. Fatale confiance qu'ils devaient bientôt payer cher ! En moins de vingt-quatre heures les conjurés en majeure partie, sont arrêtés, conduits à Amboise, condamnés à mort et exécutés. On pend les soldats aux murs du château, aux arbres des chemins ; on les jette sans pitié à l'eau, les pieds, les poings liés ; les chefs seuls, plongés au fond des prisons, sont réservés pour de plus solennels supplices.

La Renaudie, cependant, avait reçu le billet de Castelnau ; il savait la mésaventure de Mazères. le siége du château de Noizay ; il avait répondu qu'il irait de sa personne au secours de ses amis ; mais il ignorait encore que Castelnau était prisonnier à Amboise. Il l'apprend en route ; et réduit à ses propres forces, il veut, par un coup d'audace, s'emparer d'Amboise et se rendre maître de la cour. Il s'avance, et, le 18 mars, il était dans la forêt de Château-Renaud, lorsqu'il fut rencontré par un gros de soldats sous les ordres de Pardaillan, gentilhomme allié à sa famille. Un combat s'engage, La Renaudie manqué par Pardaillan dont le pistolet n'avait pas fait feu, lui passa son épée au travers du corps, mais lui-même, atteint au même instant d'un coup d'arquebuse, tombe et meurt à côté de celui qu'il venait de frapper. Sa troupe se disperse et laisse son corps au milieu de ses ennemis, qui le portent à Amboise avec une joie féroce, et le déposent comme un trophée sous les yeux des Guises qui s'empressent de le faire pendre à un poteau, sur le pont de la Loire, avec cet écriteau : *La Renaudie, chef des rebelles;* après quoi on l'écartela.

Une tentative imprévue vint de nouveau jeter l'alarme à la cour. Un capitaine, homme de résolution, Chandieu, avait remarqué à l'un des murs de la ville d'Amboise, du côté de la Loire, une petite ouverture qu'il serait aisé d'élargir assez pour y introduire une troupe armée. Il disposait de trois cents hommes, avec lesquels il tiendrait aisément le château en respect.

Un malentendu et la fortune des Guises firent qu'une partie des cavaliers qui devaient arriver la nuit, arriva à midi, au grand trot, écharpes blanches déployées. Cette marche mystérieuse donna l'éveil au gouverneur de la ville, qui repoussa ces imprudents, dont plusieurs, faits prisonniers, furent pendus. Cette dernière tentative infructueuse avait pour chefs Lamotte-Baracé et de Coqueville; ayant manqué dans son exécution, elle fut le signal donné aux bourreaux.

Un auteur moderne, M. Stanislas Bellanger, prétend que « plus de quinze cents personnes moururent au milieu de

« supplices de toutes sortes. Les potences et les échafauds
« encombraient les places publiques ; la Loire était couverte
« de longues perches courbées sous le faix des cadavres. *Les
« chefs ayant été réservés pour les plaisirs de la cour,*
« les Guises, après dîner, en donnaient le *passe-temps* aux
« dames de la cour. Accoudés avec elles aux fenêtres du châ-
« teau, ils contemplaient ce spectacle, auquel on faisait for-
« cément assister le roi et ses jeunes frères. Le cardinal de
« Guise leur désignait les victimes avec les signes d'un
« homme grandement réjoui, et lorsque l'une d'elles mourait
« plus courageusement que les autres : Voyez, sire, disait-il,
« ces effrontés et enragés, voyez, la crainte de la mort ne
« peut abattre leur orgueil ! Que feraient-ils donc s'ils vous
« tenaient ? »

Les conjurés, en effet, allaient au supplice avec une force
d'âme admirable. Castelnau, que sa capitulation et les promesses du duc de Nemours ne sauvèrent pas, expira la me-
nace à la bouche. Villemongis trempa sur l'échafaud ses
mains dans le sang de ses amis et les élevant au ciel avant
de mourir : « Seigneur, s'écria-t-il, voici le sang de tes en-
« fants, tu en feras vengeance. » Seul, peut-être, parmi ses
compagnons d'armes, le jeune et intrépide Jean de la Motte-
Baracé parvint à se sauver, et, sous le règne suivant (celui
de Charles IX), devint chevalier du roi, gentilhomme de la
chambre et capitaine de cinquante hommes d'armes.

La conjuration d'Amboise, adroitement concertée, préparée
de longue main, dirigée par des hommes puissants et mise à
exécution par de jeunes et vaillants capitaines, devait avoir une
toute autre issue. Elle eût réussi, malgré ses entraves, si ceux
qui la faisaient mouvoir en secret, se fussent montrés tous
aussi dévoués, aussi valeureux, aussi pleins de cœur que La
Renaudie, Castelnau, La Motte-Baracé et tant d'autres. C'est

donc bien plus à l'impéritie et à la lâcheté de leurs principaux adversaires, qu'à leur propre habilité, que les Guises furent redevables de leur salut.

Par suite de ces exécutions, la vengeance des Guises était à peu près satisfaite ; mais leur ambition ne l'était pas : il fallait compromettre leurs rivaux ; il fallait surtout prouver à la France que leur propre cause était la cause du roi. Ils avaient remarqué que le connétable de Montmorency s'était tenu à l'écart pendant le tumulte d'Amboise ; ils le firent choisir par le roi pour se rendre le 28 mars, au parlement de Paris, afin d'exposer les détails de la conspiration, et les dangers que les protestants avaient fait courir à ce monarque et à la France. Ils espéraient que le connétable, entraîné par son zèle catholique et par le désir d'éloigner de lui-même tout soupçon, enchérirait sur le tableau qu'il allait présenter. Mais le connétable qui avait vieilli dans les cours, avait trop d'expérience pour tomber dans le piége ; il fit hautement l'éloge du duc de Guise, mais il se garda bien de dire rien de nature à faire croire que les projets des conjurés menaçaient le roi et le trône.

Le prince de Condé restait seul au milieu de ses ennemis, qui, voulant le compromettre, lui avaient fait ordonner par le roi d'assister aux supplices des condamnés, comme si son absence était la satire de la cour et une injure pour la famille royale. Il ne put même s'empêcher de les blâmer assez ouvertement, ce qui lui attira de telles persécutions qu'il crut devoir demander au roi de vouloir bien réunir les princes du sang, les ministres, les chevaliers de l'ordre et toute la noblesse qui se trouvait à Amboise. C'est devant cette assemblée qu'il veut se justifier, c'est là qu'il confondra ses ennemis. François II cède à ses désirs, et convoque ce conseil extraordinaire. Le prince comparaît, promène fièrement ses regards

sur l'assemblée, et pour toute justification : « Si quelqu'un,
« dit-il, est assez hardi pour soutenir que j'ai tenté de ré-
« volter les Français contre la personne sacrée du roi, et que
« je suis auteur de la conspiration, renonçant au privilége de
« mon rang et de ma qualité de prince du sang royal, je suis
« prêt à le démentir par un combat singulier. Et moi aussi,
« s'écrie le duc de Guise, je ne souffrirai pas qu'un si grand
« prince soit noirci d'un pareil crime, et je le supplie de me
« prendre pour son second. »

A cette sortie inattendue, à cet élan chevaleresque digne du grand cœur de François de Guise, tous les assistants demeurent stupéfaits. Qui avait-on trompé ? On se regarde, on s'interroge, le roi cherche à lire le mot de l'énigme dans les yeux de sa mère, qui sans doute en avait le secret, mais qui reste impassible, et dans son trouble, il lève la séance ; le cardinal de Lorraine frémit de se voir enlever sa victime par la main même de son frère. Ainsi finit, par une espèce de scène de comédie, la première partie du drame sanglant qui venait de se jouer à Amboise, et devait se dénouer à Orléans.

Après avoir prescrit des mesures de sûreté pour les villes de Tours et d'Amboise, la cour était allée s'établir à Chenonceaux. Là, poursuivi des mêmes soupçons et des mêmes inquiétudes, Condé crut prudent de se retirer dans le Béarn, auprès de son frère Antoine, roi de Navarre.

La perte de Condé était jurée ainsi que celle du roi de Navarre, mais les deux frères restaient dans le Béarn où il n'était guère facile de les atteindre. Après avoir refusé de venir à Fontainebleau pour l'assemblée des notables, viendront-ils à Orléans pour les État-Généraux ? Le roi ne s'était pas contenté d'écrire au roi de Navarre, il lui avait expédié M. de Crussol avec des instructions très-détaillées, pour lui faire connaître les événements, et pour l'inviter à se rendre aux États avec le prince de Condé. Les Bourbons délibérèrent longtemps s'ils obéiraient à l'invitation du roi ; mais les États étaient convoqués dans l'intention apparente de rendre aux protestants la liberté de conscience : il serait indigne de leur rang et de leur caractère de ne point aller défendre des droits aussi sacrés.

« — Mais, disait le roi de Navarre, mon frère, ils te tueront ! »

« — Ils n'oseraient, » répondit le fier Condé ; et tous deux partirent pour Orléans où ils arrivèrent le 29 octobre.

Lorsqu'ils furent à Orléans, ils trouvèrent cette ville remplie de soldats et ressemblant plutôt à une forteresse qu'à une cité destinée à recevoir les représentants de la nation.

Le palais du roi était gardé comme une citadelle, et, lorsque les Bourbons s'y présentèrent, ils devinèrent, à l'embarras des courtisans, le sort qui les attendait. En effet, le prince de Condé fut arrêté et conduit en prison ; le roi de Navarre enfermé dans une des chambres du palais. C'est en vain qu'Éléonore de Roye, princesse de Condé, va se jeter aux genoux de François II pour demander la grâce de son mari ; c'est en vain qu'Antoine de Navarre vient à son tour supplier le roi ; François II, inspiré par les Guises, reste inflexible.

La santé du roi dépérissait depuis longtemps à vue d'œil ; on avait prédit aux Guises qu'il ne tarderait pas à mourir, et sa perte pouvait leur arracher leur victime ; il devenait urgent de hâter les événements. La commission prononce son arrêt ; Condé est condamné à mort ; on dresse l'échafaud ; la tête d'un prince du sang va tomber !..... Tout à coup on entend : « Le roi est mort ! le roi est mort ! » et ce cri retentit sous les fenêtres de l'illustre prisonnier. François II, saisi à vêpres d'un subit évanouissement, avait péri dans les convulsions d'une brusque agonie. L'*à-propos* de sa mort fit présumer qu'elle n'était pas naturelle.

Catherine de Médicis, qui s'attendait depuis quelque temps à ce grave événement, avait tout préparé pour être nommée régente; elle rendit la liberté au prince de Condé; le duc de Guise l'embrassa affectueusement devant toute la cour..... Bientôt ils allaient se revoir tous deux, l'épée à la main, dans les plaines de Dreux, et les dernières étincelles de la conjuration d'Amboise devaient allumer les torches de la Saint-Barthélemi.

Après la mort de François II, la reine Marie Stuart, qui n'en avait point eu d'enfants, entra en possession du duché de Touraine, qui lui avait été assuré pour douaire, et se retira en Écosse le 18 février 1561. On connaît assez la fin funeste de cette infortunée princesse, qu'Élisabeth retint dix-huit ans en prison, et qu'elle fit enfin périr sur l'échafaud.

1561. — Le prince de Condé n'avait point pardonné aux Guises l'échafaud qu'ils avaient fait dresser à Orléans pour lui trancher la tête, et les protestants, au souvenir d'Amboise et de ses créneaux ensanglantés, ne respiraient que guerre et vengeance. Les premiers moments du nouveau règne virent les deux partis acharnés l'un contre l'autre, et le sang français coula de tous côtés.

1562. — Le prince de Condé s'étant enfin déclaré chef des religionnaires, s'empara de la ville d'Orléans au mois de mars 1562. Bientôt le comte de La Rochefoucauld, son beau-frère, étant venu l'y joindre avec les troupes de la Guienne, ils s'emparèrent, le long des rives de la Loire, de Meung, Beaugency et Blois. De là, ayant pris le chemin d'Amboise, ils s'en rendirent maîtres, ainsi que de Tours, où ils commirent toutes sortes de désordres. Ils pillèrent et dévastèrent le cloître de Saint-Gatien et brisèrent les images des saints. Le lendemain, celui de Saint-Martin éprouva le même sort.

« Ce fut, dit Chalmel, le dimanche 5 avril que l'église fut

« dévastée. On brisa la châsse de Saint-Martin, ainsi que toutes
« les lampes d'argent, les images et les reliques. Dans le
« seul diocèse de Tours, il fut tué ou noyé quinze mille six
« cents personnes de l'un et l'autre sexes, parmi lesquelles
« on comptait deux cent cinquante ecclésiastiques, tant cha-
« noines que curés, religieux et autres. »

1563. — Le siége de Rouen avait coûté la vie à Antoine de
Bourbon, roi de Navarre, la bataille de Dreux au maréchal de
Saint-André, et François, duc de Guise, avait péri assassiné
sous les murs d'Orléans. Catherine de Médicis, qui n'avait plus à
trembler devant cet homme puissant, crut le moment favorable
pour négocier la paix avec le prince de Condé. Fatigué lui-
même des malheurs publics, séduit peut-être par les caresses
de la reine-mère, le chef des protestants, à la suite d'une con-
férence avec le connétable de Montmorency, signa, le 19 mars
1563, le traité connu sous le nom d'*Édit d'Amboise*. Cet édit
permettait l'exercice de la religion réformée. Le pardon et
l'oubli du passé étaient en même temps garantis, et le roi
déclarait qu'il tenait le prince de Condé pour son bon parent,
et tous ceux qui l'avaient suivi, pour loyaux sujets et serviteurs du roi.

1570. — Malgré l'édit d'Amboise, 1563, et celui de Mou-
lins 1566, la politique des deux partis n'est plus qu'un tissu
de perfidies, de trahisons et de crimes. Enfin, on est impatient
de savoir comment un jeune roi, entouré de tant de piéges et
de dangers triomphera de l'esprit d'usurpation qui veut abaisser
la couronne, et du fanatisme qui, au nom d'un Dieu de bonté,
sollicite des assassinats. On regarde..... et l'on voit, à l'une
des croisées du Louvre, le fils de Catherine de Médicis, armé
d'une arquebuse, tirer sur ses malheureux sujets, fuyant pêle-
mêle.

1574. — Mais bientôt il est atteint par la vengeance du

ciel : une horrible maladie le mine à la fleur de son âge ; le sang, comme par représailles, lui sort par les pores et par les cheveux ; et l'infâme Charles IX, l'assassin de son peuple, rend le dernier soupir au milieu des plus sombres terreurs et des plus affreux tourments. Il mourut le jour de la Pentecôte, 30 mai 1574, âgé de vingt-trois ans onze mois et quatre jours.

Charles IX, en mourant, laissait la régence à sa mère, qu'il n'aimait point, mais dont il avait toujours subi l'empire ; il ne laissait qu'une fille née deux mois après le massacre de la Saint-Barthélemi, et qui mourut quatre ans après son père. Si, sous ce règne désastreux, la Touraine eut moins de larmes à répandre que beaucoup d'autres provinces, elle le doit aux principes de modération qui animaient René de Prie, lieutenant général au gouvernement de la province, emploi dont heureusement il avait été pourvu en 1568. C'est imbu de ces sentiments qu'il refusa d'exécuter les ordres qu'il avait reçus de la cour et dont il ne donna connaissance à personne. Grâce à la sagesse et à la fermeté qu'il déploya, les exemples de Paris, d'Orléans et de plusieurs autres villes n'eurent aucune influence en Touraine. Ce fait, attesté par l'histoire, honorera éternellement la mémoire de René de Prie. Dans un pays renommé par la douceur de caractère de ses habitans, il est du moins consolant de le trouver étranger aux horreurs qui ont fait du 24 août 1572 une époque dont les Français auront éternellement à rougir : « Il est des nations, dit Chalmel, qui ont « consacré des jours expiatoires pour des catastrophes moins « affreuses. »

Henri III, son successeur, sera-t il plus méritoire ? Né le 19 septembre 1551, il avait été élu roi de Pologne deux mois avant la mort de Charles IX, dont il se trouvait le légitime successeur sous la régence de Catherine de Médicis.

Quelque déplorable que fût alors l'état du royaume, il n'était pas douteux qu'un prince de vingt-trois ans, accoutumé aux mollesses de la cour de Paris, ne préférât un trône héréditaire à une couronne élective, et la douce température de la France à l'âpreté du climat de la Pologne. Il ne fut pas plus tôt arrivé à Lyon, le 6 septembre, qu'il y tint un conseil dans lequel il fut résolu qu'on recommencerait la guerre contre les huguenots. Cette détermination, prise sans examen par un souverain qui avait à peine touché le sol du pays sur lequel il venait régner, était un présage certain de nouvelles calamités, présage qui ne fut trop vérifié dans le cours de ce règne scandaleux.

Le roi voulant donner la première année, de son règne une marque de son bon souvenir à la ville d'Amboise y fonda un collége pour l'instruction de la jeunesse.

1576. — Le château d'Amboise si brillant et si fréquenté sous les règnes précédents, avait été délaissé pour Fontainebleau, où Catherine de Médicis aimait à contempler les brillants ouvrages des artistes de sa patrie, et pour le Louvre, d'où elle était plus à portée de surveiller et dominer les factions, ne va bientôt plus être, sous le règne de Henri III, qu'une sorte de prison d'État ; ce roi, ne sachant comment se tirer de la fâcheuse position où il se trouvait, avait cru devoir convoquer les États-Généraux à Blois pour le 15 novembre 1576. Ils y furent en effet rassemblés. On sait que le principal, ou plutôt le seul objet dont on s'y occupa fut d'amener le roi à déclarer qu'il ne reconnaissait et qu'il ne souffrirait dans ses États que la seule religion catholique, apostolique et romaine. Cependant, on y consacra quelques séances à l'examen de la situation des finances, qui se trouvaient dans le plus fâcheux état par suite des prodigalités de la cour : « On peut, « dit Chalmel, assurer en effet, qu'aucun règne n'a donné

« l'exemple de prodigalités aussi scandaleuses. » L'une des moindres est peut-être celle que nous allons rapporter, et dont la Touraine a été le théâtre. Le roi étant au Plessis-les-Tours, donna, le mercredi 15 mai 1577, un festin à M. le duc de Touraine, son frère, ainsi qu'aux seigneurs qui l'avaient accompagné au siége et à la prise de la ville de La Charité-sur-Loire.

1577. — « A ce repas, dit l'Étoile dans son *Journal de*
« *Henri III*, les dames, vêtues de vert, en habit d'homme,
« à moitié nues, ayant leurs cheveux épars comme les épou-
« sées, furent employées à faire le service, et y furent tous
« les assistants vêtus de vert, pourquoi avait été levé à Paris
« soixante mille livres de soie verte. La reine-mère fit, après,
« son banquet à Chenonceaux qui lui revenait, à ce qu'on
« disait, à près de cent mille livres, qu'on leva par forme
« d'emprunt sur les plus zélés serviteurs du roi et même sur
« quelques financiers italiens, qui surent bien s'en rembourser
« au double. » Le même scandale de nudité eut lieu à ce festin donné par une reine, par une mère presque sexagénaire au roi son fils âgé de vingt-six ans.

C'est en de pareilles prodigalités que s'écoulaient les impôts énormes qui pesaient alors sur la France et dont la majeure partie devenait la proie des mignons, des favoris avides et des traitants non moins insatiables.

1588. — La Touraine était restée fidèle à la cause de la royauté légitime, malgré le mouvement de beaucoup de provinces dans un sens contraire. L'état de combustion dans lequel se trouvait le royaume, détermina le monarque à convoquer de nouveau à Blois les États-Généraux, à l'aide desquels il espérait reconquérir une partie de l'autorité qu'il avait entièrement perdue. Ce fut dans de telles circonstances qu'il fit l'ouverture des États, le 15 octobre 1588, dans la grande salle du château de Blois.

Le détail de tout ce qui s'y passa se trouve dans tous les historiens ; nous nous arrêterons seulement à la catastrophe qui les termina, parce qu'elle se rattache à des événements que nous devons raconter plus tard, et qui se passèrent à Amboise.

Le décret du 4 novembre par lequel les États, vendus en grande majorité au parti de la Ligue, avaient déclaré Henri roi de Navarre, qui devint plus tard roi de France sous le nom de Henri IV, inhabile à succéder à la couronne de France, avait achevé de désiller les yeux de Henri III, qui vit bien qu'il ne restait plus qu'à se défaire de sa personne pour faire passer le sceptre dans la maison de Lorraine. On sait que, le 23 décembre au matin, en passant de la salle du conseil dans la chambre du roi, Henri, duc de Guise, y fut tué d'un coup de poignard que lui porta Saint-Mallin, et que, le lendemain, le cardinal son frère éprouva le même sort. Si le duc de Mayenne, leur autre frère, n'eût pas alors été à Lyon, il est probable qu'il eût été enveloppé dans la même catastrophe ; averti assez à temps, il eut le temps d'aller rejoindre les siens.

Henri III ne sut pas profiter de la terreur que ce coup inattendu avait répandue chez ses ennemis. Il se borna à faire arrêter le prince de Joinville, fils du Balafré, les ducs de Nemours et d'Elbeuf, ainsi que la duchesse de Nemours, Anne d'Est, leur mère ; il fit en même temps arrêter l'archevêque de Lyon et le cardinal de Bourbon.

L'effervescence qu'avait soulevée, dans la ville de Blois, l'assassinat du duc de Guise, fit craindre au roi que ses illustres prisonniers n'y fussent point en sûreté. Il ordonna de les transférer au château d'Amboise, les escorta lui-même, sous la garde de Du Guast, celui des *quarante-cinq ordinaires* qui avaient porté les premiers coups au Balafré. Un autre des principaux meurtriers, Longnac, s'étant aperçu que sa présence et le souvenir de son zèle embarrassaient le prince dont il avait servi la vengeance, avait sollicité la permission de se retirer à Amboise. Là il fit à Du Guast, son complice, la confidence de l'ingratitude du roi, et, l'associant ainsi à ses propres frayeurs, il lui conseilla de traiter avec les ligueurs de la rançon des prisonniers qu'il tenait sous sa garde. Ce fut un trait de lumière pour Du Guast ; mais, dans l'appréhension d'être trahi par Longnac ou d'être obligé de partager avec lui le prix de son conseil, il affecta, dans ses réponses, une rigidité qui en imposa au donneur d'avis. Longnac, dupe de cette fausse apparence de fidélité, crut prudent de quitter Amboise.

1589. — Henri III ne tarda pas à apprendre ce qui se tramait à Amboise pour rendre la liberté aux ligueurs prisonniers au château ; il se hâta de se rendre sur les lieux avec escorte suffisante et les fit conduire à Blois où ils arrivèrent le même jour, à l'exception du duc de Nemours, qui trouva le moyen d'échapper à la surveillance de son escorte, dont probablement il avait acheté la négligence. Il était temps que le roi prît ce parti ; car Du Guast, ébranlé par les promesses séduisantes qui lui avaient été faites, était sur le point de remettre entre les mains des ligueurs le cardinal de Bourbon et l'archevêque de Lyon. Henri tremblant devant celui qui avait été le premier instrument de son crime et connaissant l'avarice de Du Guast, lui donna les 30,000 écus d'or que les ligueurs lui avaient promis pour la rançon des trois princes ; c'est avec cette somme qu'il acheta la terre de Montgauger des héritiers de Burgensis, premier médecin de François Ier. Le roi le confirma de nouveau dans le gouvernement d'Amboise, et ramena lui-même les prisonniers à Blois. Mais bientôt, par des raisons qui sont restées inconnues, il partit de Blois et se dirigea sur Montrichard. Le lendemain il vint à Chenonceaux, coucha à Bléré, et le troisième jour il arriva à Tours ainsi que les prisonniers dont il s'était fait suivre, et qu'il fit enfermer au château d'Azay-le-Rideau, sur Indre.

Malgré la surveillance à laquelle les prisonniers étaient soumis, l'archevêque de Lyon trouva l'occasion de faire savoir à Mayenne que l'armée du roi était campée près Tours, dans une position désavantageuse, et qu'il était urgent de venir l'attaquer. Le duc partit aussitôt se dirigeant vers Amboise. Il n'en était qu'à une petite lieue lorsqu'il tomba inopinément sur un détachement de six cents hommes que commandait le comte de Brienne. Celui-ci eut à peine le temps de se jeter dans le château de Saint-Ouen qui n'était pas fortifié, le reste de sa troupe se sauva dans Amboise. Après quelques coups de canon, Brienne fut obligé de se rendre sur parole, à la charge de faire mettre en liberté le duc d'Elbeuf.

L'entrevue de Henri III avec Henri de Navare et les événements qui se passèrent à Tours à la suite de leur reconciliation n'étant plus dans le cercle que nous nous sommes prescrit, et n'ayant d'ailleurs aucun rapport avec Amboise, nous abrègerons ce qui regarde ce règne néfaste qui se termina par un lâche assassinat le 1er août 1589.

Henri IV vint plusieurs fois à Amboise, mais sous son règne il ne s'y passa aucun événement digne d'être rapporté ici.

1610. — Sous Louis XIII, cette résidence fixa l'attention royale dans plusieurs circonstances plus ou moins importantes.

En 1613, dit M. Cartier, une compagnie d'arquebusiers fut établie à Amboise, par lettres-patentes du roi, parmi les habitants qui s'exerçaient à tirer au *Papegaut*. Au jour du grand tir le vainqueur était proclamé roi du *Papegaut;* il en portait le titre et jouissait de quelques priviléges, notamment de celui de débiter jusqu'à vingt-cinq poinçons de vin sans payer de droits.

En 1614, le château d'Amboise fut remis entre les mains du prince de Condé comme garantie de la convocation des États et du traité de Sainte-Menehould ; Mayenne reçut 300,000 livres ; Longueville, une forte pension ; Vendôme, le gouvernement de la Bretagne ; tout paraissait alors apaisé : mais ce n'était qu'une paix plâtrée.

Quelque temps après, le château d'Amboise rentra sous l'autorité royale ; et Richelieu, qui se levait alors sur le monde politique comme l'astre qui devait dominer, convertit à son tour cette résidence en prison d'État.

1624. — Le surintendant La Vieuville avait d'abord favorisé l'entrée de l'évêque de Luçon dans le conseil du roi ; mais voyant se développer sous ses yeux le caractère ambitieux de ce prélat, il ne tarda pas à chercher à le ruiner dans l'esprit de Louis XIII : « C'est, disait-il au roi, une créature « de votre mère ; et si vous l'écoutez, attendez-vous à reve- « nir sous la tutelle dont vous vous flattez d'être délivré. » Richelieu ayant eu connaissance de toutes ces menées, n'hésita pas, pour s'en venger, à sacrifier La Vieuville. Le surintendant ne peut croire à sa disgrâce ; il va trouver Louis XIII à Saint-Germain-en-Laye ; le roi l'accueille avec bonté ; La Vieuville espère avoir retrouvé sa faveur ; mais à peine est-il sorti qu'il est arrêté par M. de Tresme, et conduit au château d'Amboise le 10 avril 1624, d'où il s'évada après une détention de treize mois.

1626. — Ainsi que nous l'avons déjà dit plus haut, le château d'Amboise n'était plus en quelque sorte qu'une prison d'État. César de Bourbon, duc de Vendôme, et son frère Alexandre, grand-prieur de France, tous les deux enfants naturels de Henri IV et de Gabrielle d'Estrées, par conséquent frères du roi, étaient entrés dans une intrigue de cour dirigée contre Richelieu. Le roi les ayant fait venir à Blois, où il était alors, s'adressant à César lui dit : « Voulez-vous venir avec moi à la « chasse du côté d'Amboise ? — Sire, je ferai ce que Votre « Majesté me commandera ; mais je suis un peu fatigué. — « Eh bien ! répliqua le roi, allez voir et recevez vos amis. »

Les deux princes étaient donc dans une sécurité parfaite, lorsque le surlendemain du jour où le roi leur avait tenu ce langage, le marquis de Maulny et le comte du Hallier, capitaines des gardes, vinrent les arrêter dans leur lit de la part du roi. On les embarqua dans un bateau qui les conduisit à Amboise, où ils furent confiés à Toiras, gouverneur du château. Alexandre fut, peu après, transféré à Vincennes où il mourut en 1629 ; César ne recouvra sa liberté que le 30 décembre 1630.

L'emprisonnement du grand prieur fut fatal à un jeune soldat de la garde, nommé Gaspard Boulenger qui, s'étant trouvé dans un cabaret d'Amboise avec plusieurs de ses camarades, eut l'imprudence de dire que le grand-prieur avait été injustement arrêté, et que si il y en avait six qui pensassent comme lui, ils sauveraient les princes au lieu de les garder. Ce propos ayant été rapporté au frère du gouverneur, il fit de suite arrêter Boulenger et l'envoya à Blois, où le grand prévôt de l'hôtel le condamna à être pendu. Après qu'il eût été exécuté, sa tête fut séparée de son corps et portée à Amboise, pour être placée au bout d'une pique sur l'une des tours du château.

1631. — « En 1631, dit M. Cartier, Gaston, frère du roi Louis XIII, avait eu Amboise dans son apanage ; s'étant brouillé avec son frère en 1631, le château fut assiégé le 30 mars, et rendu quelques jours après. Deux amboisiens, Pierre Lelarge, sieur de Villefraut et propriétaire de Château-Gaillard, avec François Lenoir, avaient avancé en cette circonstance, pour la nourriture des troupes assiégeantes 12,056 livres dont ils n'étaient pas encore remboursés en 1653. Gaston étant mort sans postérité en 1660, Amboise retourna à la couronne. On avait démoli en 1632 une partie des vieux bâtiments. En 1637, Mlle de Montpensier, qui n'avait encore que dix ans, vint à Amboise et logea au Clos-Lucé, chez M. d'Amboise, mestre de camp, qui avait été gouverneur de Trin, en Piémont, pour le roi. »

1660. — Gaston était mort et le château d'Amboise avait fait retour à la couronne, sans recouvrer toutefois sa royale existence. Versailles, avec ses merveilles et ses pompes mythologiques, avait fait oublier Amboise et les vieilles tours de Charles VIII. Ces tours, malgré la beauté du paysage qu'elles dominaient, n'avaient presque plus aux yeux de la cour que le mérite d'un lieu de sûreté.

1661. — Deux victimes du *bon plaisir* et de la puissance absolue en firent bientôt l'épreuve : nous voulons parler de Foucquet et de Lauzun. Nicolas Foucquet, marquis de Belle-Isle, qui, dès son enfance, avait donné des marques non équivoques d'un esprit très-élevé, fut reçu maître des requêtes à vingt ans, puis successivement procureur général du parlement de Paris et surintendant des finances, dans un temps où elles avaient été épuisées par les dépenses des guerres civiles et étrangères, et par la cupidité de Mazarin. Foucquet aurait dû les ménager; il les dissipa et en usa comme des siennes propres. Il dépensa près de 36 millions d'aujourd'hui à faire bâtir sa maison de Vaux, près Melun. Toutes ses profusions, et encore plus les tentatives qu'il avait faites sur le cœur de Mlle de La Vallière, servirent à irriter Louis XIV contre son ministre : il lui tendit lui-même un piége, en lui demandant une fête dans son château de Vaux. Là, Foucquet, toujours préoccupé du désir de séduire Mlle de La Vallière, ne négligea rien pour égaler l'éclat de la fête que le roi venait de lui consacrer dans les jardins de Versailles. Doublement indigné de trouver dans le surintendant de ses finances un rival en magnificence et en amour, Louis XIV voulait le faire arrêter à l'instant même, comme coupable de lèse-majesté ; mais la reine, qui n'avait pas les mêmes motifs de sévérité, parvint à l'apaiser ; et Foucquet s'endormit aux bruits expirants de sa fête, libre encore et bercé des plus douces illusions.

Le réveil fut tel qu'on devait l'attendre de l'orgueil blessé du royal amant de La Vallière. Foucquet, mandé à Nantes où se trouvait le roi, le 5 septembre 1661, fut arrêté par d'Artagnan, et conduit, sous l'escorte de cent mousquetaires, au château d'Amboise.

Foucquet ne séjourna que peu de temps à Amboise ; il fut transféré dans la citadelle de Pignerol.

Péguilhem de Lauzun dont les nombreuses et incroyables aventures galantes ont eu tant de retentissement à cette époque, homme d'un esprit vif et hardi, dut ses nombreux succès à ces airs de haute impertinence qui, soutenus par du courage, donnent de l'aplomb dans le monde et du succès auprès des femmes. Introduit à la cour, il ne tarda pas à plaire et même à s'attirer les regards du maître et les bonnes grâces de Madame de Montespan ; mais le caractère jaloux et la vanité de Lauzun, et plus encore son indiscrétion, finirent par tourner contre lui les protections auxquelles il avait dû sa brillante élévation. Par suite d'une aventure extraordinaire avec Madame de Monaco, et dont le roi eut connaissance, il fut envoyé à la Bastille, puis à la citadelle de Pignerol où il parvint, en perçant un plafond, à descendre dans la chambre de Foucquet, qui se trouvait au-dessous de la sienne. Grande et mutuelle surprise pour les deux prisonniers qui se reconnurent. Foucquet demanda à Lauzun par quelles circonstances il se trouvait prisonnier d'État : « Depuis que je suis à Pignerol, « dit-il, je n'ai aucune nouvelle de la cour. » Charmé de trouver une occasion si belle de raconter sa brillante odyssée, Lauzun apprit à Foucquet toutes les phases par lesquelles avait passé sa fortune ; son rapide avancement dans la maison du roi, son élévation à la charge de capitaine des gardes, ses amours avec les plus grandes dames de Versailles, et enfin son projet de mariage avec Mlle de Montpensier, cousine de Louis XIV, qui avait refusé des souverains.

Le surintendant resta stupéfait au récit de tant de merveilles, et ne douta point que le prétendu de Mlle de Montpensier n'eût perdu la tête. Se souciant peu d'être en rapport avec un homme qui n'avait plus sa raison, Foucquet reboucha pendant la nuit l'ouverture du plafond. Les communications se rétablirent plus tard entre les prisonniers, par les soins de Madame Foucquet, qui avait obtenu la permission d'aller voir son mari avec Mademoiselle sa fille.

Rendu de nouveau à la liberté, il fut envoyé en exil à Amboise, d'où il écrivait à Mlle de Montpensier : « L'air où je suis « me tue ; je ne sais pourquoi on l'a choisi ; je m'y ennuie, « je n'y vois personne ; et si Dieu ne m'assistait, j'y serais pis « qu'à Pignerol. »

C'était un *innocent* mensonge pour décider Mlle de Montpensier à presser de plus en plus son rappel à la cour ; car, fidèle à ses habitudes de galanterie, Lauzun avait cherché à Amboise, auprès de la marquise d'Alluye, femme du gouverneur, les mêmes consolations qu'il avait trouvées, dit-on, à Pignerol, auprès de Mlle Foucquet. Il paraît que Lauzun était aussi galant en prison qu'à la cour, et que Mlle Foucquet ne dédaigna pas les vœux de l'illustre prisonnier ; du moins on peut le conjecturer d'après le récit que Mlle de Montpensier en fait dans ses mémoires (année 1679).

5.

Nous trouvons dans le livre de M. Vatout quantité de détails qu'il a empruntés lui-même aux mémoires de Mlle de Montpensier, qui donnent une idée approximative des mœurs de la cour sous le règne de Louis XIV.

1700. — Depuis cette époque, le château d'Amboise n'offre à l'historien aucun souvenir, jusqu'en 1700. Sur la fin de cette année, Philippe de France, duc d'Anjou, se rendant en Espagne dont il venait d'être proclamé roi, s'arrêta au château d'Amboise, avec les princes ses frères, qui l'avaient accompagné; on lui montra ce fameux bois de cerf qui, par sa grandeur extraordinaire, passait depuis longtemps pour une merveille de la nature. Les petits-fils de Louis XIV examinèrent de près cette merveille, et reconnurent que ce bois, que jusqu'alors on avait cru naturel, n'était que le travail d'un habile ouvrier. Cette découverte affaiblit l'admiration héréditaire dont ce prétendu phénomène avait été l'objet.

1707. — Une crue extraordinaire fit tellement grossir les eaux de la Loire que, dès le 8 octobre, elles s'élevèrent à une hauteur de vingt-deux pieds. Le Cher ayant crû dans la même proportion, la levée au midi de la Loire, entre Amboise et Tours, fut rompue dans une longueur de cinquante toises, et la commune entière de la Ville-aux-Dames fut, non-seulement inondée, mais son sol, si riche et si fertile, reçut par cette longue brèche les sables que la Loire roule en si grande abondance, qui fut couvert de six, huit et jusqu'à dix pieds de hauteur dans les endroits les plus bas.

1709. — Le même fléau se reproduisit en 1709, à la suite d'un hiver extrêmement rigoureux dont on a longtemps gardé le souvenir. La débâcle des glaces emporta la partie du pont d'Amboise qui partait de l'entrepont jusqu'à la levée du nord. Cette fois, le débordement de ce fleuve, réuni à celui du Cher, détruisit toutes les récoltes dans une étendue de plus de dix lieues, mais du moins les terres ne furent point ensablées, et le limon que laissèrent les eaux en se retirant, répara l'année suivante le mal qu'elles avaient causé.

1712. — Le pont en bois, qui avait remplacé l'ancien, fut lui-même emporté par une autre débâcle de glaces en 1712. Celui qui le remplaça ne fut achevé qu'en 1820.

1713. — La princesse des Ursins fit acheter le domaine de Chanteloup. Son intendant, d'Aubigny, lui avait fait construire un château dont il finit par devenir propriétaire.

1760. — Le duc de Choiseul, séduit par la beauté de site du château d'Amboise, mais ne se sentant pas encore en mesure de le demander au roi en échange de ses propriétés du Limousin, commença par acheter une terre voisine, le domaine de Chanteloup, et deux ans après l'échange eut lieu. La baronie d'Amboise fut alors érigée en duché-pairie en 1764. C'est à Chanteloup que se retira le duc de Choiseul, lorsqu'en 1770 il fut sacrifié aux honteux caprices de la courtisane qui dominait alors à Versailles. Telle fut la réprobation qu'excita sa disgrâce, que la route de Paris à Amboise était sillonnée de voitures, et que le château était encombré de visiteurs.

1770. — L'ex-premier ministre du roi Louis XV, pendant les loisirs de son exil, éleva la pagode de Chanteloup. Ce monument, imité de l'architecture chinoise, a cent vingt pieds d'élévation; il se compose de sept étages qui vont toujours se rétrécissant en aiguille, est couronné par une boule dorée, et forme le point central de la belle forêt d'Amboise, que l'on découvre presque entièrement de son sommet; grâce à son peu d'importance historique, il a échappé au marteau destructeur de la bande noire. Une table de marbre, placée au premier étage de cette pagode, retraçait le nom des illustres visiteurs qui étaient venus visiter la petite cour de Chanteloup pendant l'exil du duc de Choiseul. Commencé en 1775, il fut achevé en 1778 sur les dessins de l'architecte Louis-Denis Lecamus.

En 1777, M. de Choiseul fit présent à la ville des belles tapisseries qui ornent encore aujourd'hui la grande salle de la mairie. Il donna également, en 1780, le terrain du nouveau cimetière, où il a été inhumé en 1785.

A la mort du duc de Choiseul, Amboise fut racheté par la couronne, qui le donna ou plutôt le vendit au duc de Penthièvre moyennant cinq millions. Louis XVI, par lettres-patentes de 1787, confirma l'érection du duché d'Amboise en duché-pairie.

Le château d'Amboise, pendant le règne de la Convention, devint une prison pour les suspects ; on l'appelait alors la *Citadelle*.

1793. — Le duc de Penthièvre étant mort en 1793, ses biens durent passer à sa fille Madame la duchesse d'Orléans ; mais ils furent confisqués révolutionnairement. Chanteloup fut alors vendu au chimiste Chaptal, qui, en 1823, la revendit encore à la *bande noire*. Tout fut rasé jusqu'aux fondements et vendu par morceaux : la pagode seule et les bois furent achetés et réunis à la forêt.

« Mais si cet acte de barbarie, dit J. Vatout, en parlant de
« Chanteloup, détruisit les ouvrages de la main des hommes,
« il ne put atteindre, grâce au ciel, les bienfaits que Dieu
« avait répandus sur ce beau lieu : sa magnifique position,
« l'air pur qu'on y respire, la superbe forêt qui l'environne; il
« n'a pu effacer les souvenirs heureux ou terribles que l'his-
« toire a gravés sur ces vieilles murailles ; et, à l'aspect de la
« chapelle de Charles VIII, si élégante, d'une dentelure si
« fine, échappée par miracle au vandalisme; à l'aspect de ces
« tours qui dominent majestueusement la Loire, de ces cham-
« bres autrefois habitées par Louis XII et visitées par Charles-

« Quint ; enfin de tous ces débris témoins de tant d'événements,
« il n'est pas un voyageur qui, dans son émotion, ne s'écrie
« aujourd'hui : *Ah! si le souverain le voyait !* »

Sous l'empire, Napoléon Ier affecta cette résidence à une sénatorerie, dont Roger-Ducos, son ancien collègue au consulat, était le titulaire. Effrayé de la nécessité de réparer et d'entretenir en bon état des bâtiments considérables, trop longtemps négligés, ce sénateur les fit jeter par terre, de 1806 à 1810, ainsi que l'église du chapitre.

En 1814, sous le règne de Louis XVIII, le domaine d'Amboise fut rendu à Madame la duchesse douairière d'Orléans, fille et seule héritière du duc de Penthièvre. A la mort de cette princesse, ce domaine est devenu la propriété du duc d'Orléans.

En 1819, la ville d'Amboise obtint de Louis XVIII la confirmation des armoiries suivantes qui se trouvent sur une cheminée du nouvel hôtel-de-ville : *Palé d'or et de gueules de six pièces au chef d'azur, chargé de trois fleurs de lys d'or;* desquelles armoiries ladite ville était anciennement en possession.

1830. — Mais il y a cela de singulier dans la destinée de Louis-Philippe, que, devenu héritier et propriétaire d'Amboise, ce monarque n'a jamais vu cette belle résidence replacée après son avénement en 1830, au rang des *résidences royales*. Sa Majesté a bien donné de loin quelques ordres pour dégager les abords et aplanir l'entrée du château, pour décorer la chapelle et entretenir les tours, les jardins et les bâtiments; mais c'est la présence même du roi, la main royale qui a ranimé les splendeurs de Fontainebleau, et fait du palais de Versailles le temple de toutes les gloires nationales, c'est cette main puissante et réparatrice qui seule pouvait rendre au château d'Amboise son caractère et sa dignité (1).

Puisse ce vœu être entendu, dans l'intérêt d'un de nos monuments gothiques les plus remarquables, et par la magnificence de sa situation, et par la grandeur et la variété de ses souvenirs !...

---

(1) Il est également regrettable, sous plusieurs rapports, que le château d'Amboise ait été choisi pour en faire la prison de l'émir Abd-el-Kader et de ses bédouins, qui, pendant leur trop long séjour, l'ont rendu un lieu de curiosité pour les touristes de tous pays.

EN VENTE CHEZ LE MÊME ÉDITEUR.

Inondations du département d'Indre-et-Loire, 1846-1856, par M. Rouillé-Courbe, membre de plusieurs sociétés savantes.

Études sur la Touraine, hydrographie, géologie, astronomie, statistique, par MM. l'abbé Chevalier et Charlot.

Mémoires de la société archéologique de Touraine.

L'avenir de l'homéopathie, *Lettres à M. le D' Bretonneau,* par M. le D' Chauvet.

Coup-d'œil sur la génération dans les végétations et les animaux, par M. Delaunay, professeur.

Théorie des parallèles, par M. le colonel Lambert.

Tarif des prix de tous les matériaux et de tous les ouvrages de la construction des bâtiments, par M. Ch. Gaucher, architecte.

Tarif des ouvrages de menuiserie à l'usage des maîtres et des ouvriers.

Carte routière et vicinale d'Indre-et-Loire, formant plan d'assemblage des 22 feuilles cantonales composant l'atlas cadastral du département, dressée par M. Gaillard, géomètre et agent-voyer en chef.

Nouveau plan de la ville de Tours et de ses environs, format grand-aigle, gravé sur pierre.

ORLÉANS. — IMP. COLAS-GARDIN.

www.ingramcontent.com/pod-product-compliance
Lightning Source LLC
LaVergne TN
LVHW020941090426
835512LV00009B/1661